Manual
del buen vivir

MANUAL
DEL BUEN VIVIR

Guía práctica de organización
para mejorar la calidad de vida
y disfrutarla con estilo

Natalia Herranz Fanjul

EDICIONES URANO
Argentina — Chile — Colombia — España
Estados Unidos — México — Uruguay — Venezuela

1ª edición: octubre 2012.

© 2012 *by* Natalia Herranz Fanjul
© 2012 *by* EDICIONES URANO, S.A. Aribau,142, pral.—08036, Barcelona
EDICIONES URANO MÉXICO, S.A. DE C.V.
Vito Alessio Robles 175, col. Hacienda Guadalupe de Chimalistac
México, D.F., 01050, México

www.edicionesurano.com
www.edicionesuranomexico.com

ISBN: 978-607-7835-47-9

Fotocomposición: KrearT Servicios Editoriales S.A. de C.V
Fotografías de cubierta e interiores: Julia Con

Impreso por Quad/Graphics Querétaro, S.A. de C.V.
Fracc. Agro Industrial La Cruz – El Marqués, Querétaro.

Impreso en México — *Printed in México*

Marina y Daniel:

Este libro es para cada uno de ustedes,
por ser mi motor y encargarse de descubrirme los retos
y las mieles de la maternidad todos los días.

Gracias por hacerme sentir tanto amor
y por regalarme una sonrisa cada mañana:
ser su mamá le da el mejor de los significados a mi vida.
Y, por cierto, espero que dejen ya de pasarme la factura por
todas las horas en que no les hice caso por escribir este libro.

AGRADECIMIENTOS

Me tomó varios años concretar este proyecto. Le di muchas vueltas y distintas formas, hasta que finalmente encontró su lugar.

En una primera etapa requirió, además de voluntad y disciplina, de mucho trabajo personal para redefinir mi rumbo. Por eso agradezco en primer lugar a Ana Barroso y a Jorge Erdmenger por alumbrar mi camino y ayudarme a recuperar la confianza en mí misma: sin esa reconstrucción interior jamás habría podido sentarme a escribir.

A Roberto Banchik, mi esposo y compañero, le debo el patrocinio y la solidaridad que me permitieron disponer del tiempo necesario para escribir este libro. Gracias por leerle a los niños por la noche y por cenar solito tantas veces sin quejarte, mientras yo escribía encerrada en el estudio.

A Rebe, Ceci, Amalia y Domi, por ser mis brazos derechos, sin su apoyo jamás habría sido capaz de publicar este libro.

También agradezco a mis amigas por rescatarme con la logística de mis hijos mientras yo intentaba escribir.

A León Krauze, mi agradecimiento sin límite por permitirme usar sus micrófonos para aprender y para equivocarme, y por abrirme un espacio para generar gran parte de los contenidos que hoy están aquí. Gracias por tu inmensa generosidad y, sobre todo, por tu amistad.

A Alejandra Fosado, Ana Paula Ugalde, Joanna Slazak, Gabriela Pérez Palma, Julia Con, Ernesto Lerma y Beto Buzali, mi especial reconocimiento y gratitud. Cada uno fue crucial para darle forma a mi particular concepto del buen vivir y para poder aterrizar "preguntaleanatalia".

A Larisa Curiel, mi editora y amiga, le agradezco su valentía al invitarme a publicar en Urano y por empujarme a escribir estas páginas. Gracias también a Iván Mozó por darle cuerda al proyecto.

A Paloma González, mi correctora, por las horas que dedicó a leer y releer mi texto, juntas y por separado, con y sin café. Gracias por ayudarme a pulirlo y enriquecerlo. Fue un placer trabajar contigo.

A Marco Bautista por su esmero y paciencia al encargarse de todo el diseño de este manual.

A Julia Con, mi amiga entrañable, un agradecimiento especial por todas las fotos que aparecen en este manual. Es un deleite trabajar contigo.

A Martha Alicia Chávez, Ariel Rosales y Cristóbal Pera, les agradezco de corazón que se hayan tomado el tiempo de revisar la primera versión de este libro y hacerme las recomendaciones que tanto me ayudaron a darle forma.

A Gabriela Rothschild, gracias por ayudarme con las traducciones.

A Fernanda Familiar por su amistad y por brindarme siempre su apoyo incondicional.

A mi familia de sangre y a la del alma, a la que me tocó y con la que nos hemos ido adoptando, gracias por tenderme esa red incondicional de apoyo a lo largo de mi vida; sin ustedes habría caído al vacío varias veces. Gracias por las horas-hombro y horas-oreja, por las horas-lágrima y las horas-carcajada. Gracias por estar ahí aun cuando yo no haya estado para ustedes, por ser compañeros y maestros de vida.

Gracias infinitas a mi gente, mis querencias y mis amores por completar mi plenitud.

Gracias a mis lectores.

ÍNDICE

CAPÍTULO 2. EL TIEMPO

CAPÍTULO 3. LOS ESPACIOS

Índice

SEGUNDA PARTE:
ORGANIZA Y DISFRUTA TU VIDA PÚBLICA
O MANUAL PARA SOBREVIVIR A LA LA LOGÍSTICA
DE LOS EVENTOS Y LA VIDA SOCIAL

CAPÍTULO I: HOSPITALIDAD Y BUEN VIVIR
PARA PLANEAR EVENTOS Y RECIBIR INVITADOS

CAPÍTULO 2. ETIQUETA Y PROTOCOLO PARA EL SIGLO XXI: PARA SABER QUÉ Y CÓMO HACERLE EN CUALQUIER SITUACIÓN DE LA VIDA SOCIAL

CAPÍTULO 3. TODO PARA NIÑOS: ¿CÓMO PLANEAR SUS EVENTOS Y DISFRUTAR CON ELLOS EL BUEN VIVIR?

EPÍLOGO... A MANERA DE CONCLUSIÓN

BIBLIOGRAFÍA

DATOS DE CONTACTO

PRÓLOGO

PARA ABRIR BOCA
O
¿QUÉ ES EL BUEN VIVIR?

Cuando la gente me pregunta: *"Oye Nat, y a todo esto, ¿qué es el buen vivir?"* Yo simplemente les respondo que el buen vivir es la vida de buena calidad, la que nos acerca un poco más a la felicidad y que no tiene que ver con el poder adquisitivo. (Claro que el dinero sí ayuda pero no es lo principal).

El buen vivir es una manera de enfrentarse a la rutina diaria y de abrir una ventanita para darnos, a nosotros mismos y a los demás, experiencias más que objetos, que nos acerquen a la plenitud.

Se trata de encontrar placer en lo cotidiano
y disfrutarlo todos los días.

Se traduce en una mejor calidad de vida y la mejor noticia es que está al alcance de todos porque lo único que hace falta para lograrlo es un poco de planeación y organización.

Pero ¡ojo!, el buen vivir no se compra, se consigue con esfuerzo y lo bueno es que se puede disfrutar todos los días en pequeñas cosas.

Pienso que el verdadero lujo consiste en tener la capacidad de disfrutar la vida y de reconocer el valor de las experiencias que vamos viviendo. Saber gozar es como descubrir "quinto elemento"[1]. Aunque es una capacidad que llevamos por dentro, no siempre sabemos encontrarla y, saber disfrutar es vital porque le da sentido a lo que hacemos. Luego, las distintas experiencias que vamos enfrentando dependen, en gran medida, de nosotros y están mucho menos vinculadas al poder adquisitivo de lo que podríamos creer.

Saber disfrutar es, por sí mismo, un lujo. Pero, si además de gozar lo que consideremos realmente importante y trascendente en nuestras vidas, le damos un toque de estilo a lo cotidiano para volverlo especial, vamos de gane en nuestro paso por este mundo. Y, porque la vida es diaria, me parece muy importante que aprendamos a disfrutarla encontrando lo "especial" todos los días.

¿Cómo se logra? Si planeamos nuestra vida diaria vamos a mejorar nuestra realidad, porque cuando estamos organizados, administramos mejor nuestros recursos (tiempo, dinero, espacio y recursos internos) y, entonces, disfrutamos más de nuestros afectos y de la convivencia familiar y social.

Al planear con eficacia cómo repartimos nuestro tiempo, las horas nos rinden mejor porque somos más productivos y, entonces, nos queda tiempo libre para disfrutar con plenitud lo que nos hace felices.

Otro beneficio de organizarnos es optimizar la administración de nuestras finanzas personales, ya que el dinero, bien administrado, es un medio más eficiente para cubrir nuestras necesidades y para darnos más opciones y experiencias de vida más plenas.

---

[1] "El quinto elemento" es una película francesa de 1997, dirigida por Luc Besson. El quinto elemento es el conocimiento que los hombres necesitan encontrar para poder vencer a las fuerzas del mal.

Dedicar un poco de esfuerzo a mejorar nuestros espacios nos ayuda a vivir en un entorno más limpio y ordenado, lo que se traduce en un ambiente más saludable y acogedor. Nuestra casa es un reflejo de nuestro interior y tiene un impacto muy fuerte en nuestro estado de ánimo y paz mental; también afecta, para bien o para mal, nuestra dinámica familiar y convivencia social.

Aprender a planear mejor nuestra vida familiar y social nos permite pasar más tiempo con nuestra gente y tener una mejor relación.

Por último, aunque debería ser lo primero, la organización también se refleja en nuestros recursos internos. Si sabemos qué queremos es más fácil ponerle intención a nuestros proyectos y encauzar nuestra energía para conseguir lo que deseamos. Si por dentro nos sentimos tranquilos, estructurados, satisfechos y en paz, eso se va a reflejar en nuestro mundo exterior.

Si nos organizamos, ganamos una mejor calidad de vida. Si hacemos tiempo y espacio para el bienestar cotidiano, disfrutaremos mucho más los placeres y experiencias que tenemos al alcance de la mano, todos los días, en compañía de quien elijamos para compartir nuestra vida.

Entonces, regresando al principio, cuando la gente me pregunta: *"Nat, ¿qué es el buen vivir?"*, eso es precisamente lo que les respondo.

Natalia

Si planeamos qué, cómo, cuándo y dónde queremos vivir y decidimos con quién queremos compartir nuestra vida, planificar cómo lograrlo, cada día nos va a acercar a la felicidad.

Aquí tienes la "fórmula", sólo tienes que agregar tu vida:

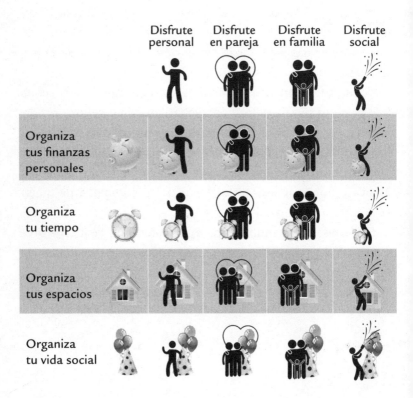

INTRODUCCIÓN

ORGANIZARSE LA VIDA COTIDIANA... ¿PARA QUÉ?

Para hombres y mujeres, solos o acompañados, estar a cargo de una casa y lograr convertirla en un verdadero hogar es **muy demandante**. Por un lado, exige de ambos géneros ciertas "competencias y habilidades técnicas" como ser chefs, jardineros, profesionales de la limpieza, plomeros, electricistas, etc. Y, si además le sumamos a la casa el cuidado de los hijos, hay que agregarle a la lista la función de educador, chofer y enfermero, aparte de requerir una actitud cuasi zen que los llene de infinita paciencia y los haga inmunes a la frustración...

A todo lo anterior, hay que agregarle que el trabajo necesario para el buen funcionamiento de la casa implica jornadas completas y es de lo más ingrato porque no respeta domingos, días feriados, vacaciones, ni gripas y, por lo general, sólo se nota cuando no está bien hecho.

Cuando todo está impecable y delicioso, pocos se dan cuenta, pero ¿qué tal reclaman cuando no lo está?

Por si fuera poco, en esta era de superhéroes y *over achievers* (personas que logran más de lo que se espera de ellas), además de hacernos cargo de la casa, los niños, la mascota y los trámites administrativos, hombres y mujeres también tenemos una actividad profesional. Aunque tengamos la suerte de contar con ayuda, eso no nos libera de la responsabilidad al frente de nuestro hogar y nuestra familia.

No es de extrañar que de pronto, saturados con tantas obligaciones, queramos salir corriendo... Sin embargo, antes de hacerlo, te tengo una buena noticia: afortunadamente, y aquí sí me van a perdonar los hombres pero, en general, las mujeres vamos de gane porque nosotras tenemos la capacidad de hacer varias funciones al mismo tiempo.

Es un hecho que las mujeres sí podemos hacer varias tareas a la vez. Sin embargo, esta capacidad dependerá, en gran medida, de nuestra habilidad para organizarnos.

Si logramos organizar nuestros horarios y planear las distintas tareas y responsabilidades que tenemos por delante y, si aprendemos a establecer prioridades entre nuestras necesidades, vamos a ganar libertad y autonomía para dedicarle más tiempo y recursos a lo que nos gusta hacer y vamos a poder disfrutar todo mucho más y mejor.

Entonces basta con aprender a organizarnos y planear estratégicamente nuestra vida diaria con prioridades: hay que profesionalizar y calendarizar nuestras actividades, empezando por la casa, porque si en ella logramos que todo funcione y, además, lo conseguimos de una manera más eficaz, entonces vamos a ganar energía, tiempo y dinero para hacer y disfrutar lo que nos haga más felices.

A nadie se le debería ir la vida en ordenar un cajón. En serio, considero un desperdicio de tiempo y energía convertirse en un personaje como el de *Durmiendo con el enemigo*[1], pero tampoco se trata de luchar por sobrevivir en el caos interno del mundo doméstico. No vale la pena perder la tarde buscando el recibo de la luz, ni perder la mañana siguiente en la fila para pagarla a destiempo y con recargos...

Si queremos vivir con dignidad, la casa debe estar limpia, ordenada y organizada. Las camas tienen que estar tendidas, la ropa debe estar lavada, planchada y doblada. Se vale traer el calcetín remendado pero no roto, se vale andar con los zapatos viejos pero limpios y boleados.

Todos necesitamos hacer cuando menos tres comidas al día, pero si son de los míos, unas cinco y, a menos que estén abonados a un restaurante, alguien tiene que hacerse cargo de las compras y preparar desayuno, comida y cena. Además, nuestra salud requiere que lo que consumimos sea razonablemente balanceado y nutritivo, y nuestro espíritu necesita variedad en los sabores y colores para estar alegre: *"Dime qué comes y te diré quién eres"*... ¿te suena?

Por si fuera poco, a la talacha diaria hay que agregarle el reto de ajustarse a un presupuesto: debemos poner los pies en la tierra y ser realistas para aprender a administrar los recursos que se tienen y llevar el estilo de vida que se puede, no el que nos gustaría tener. Por eso es tan importante aprender a ahorrar tiempo y recursos, y ganar más libertad para hacer otras cosas.

No basta con organizarse:
hay que tener la capacidad de disfrutar.

Tener una vida funcional, eficiente y/o eficaz no sirve de nada si no hacemos de la organización un medio para acercarnos a la felicidad.

---

[1] "Durmiendo con el enemigo" es una película estadounidense de 1991, dirigida por Joseph Ruben. Actúan Julia Roberts, Patrick Bergin y Kevin Anderson. Julia Roberts interpreta a una mujer que finge morir ahogada para escapar de su marido: un hombre en apariencia perfecto pero terriblemente controlador y obsesionado con el orden y el perfeccionismo.

Hasta aquí el diagnóstico, pero la gran duda es el remedio: ¿Cómo podemos organizarnos? Tiempo, espacio, dinero, familia, vida social... ¿Por dónde empezar?

Comencemos por la primera parte del libro: ***Organiza y disfruta tu vida privada o Manual para sobrevivir con estilo*** que consta de tres capítulos y están dedicados a las finanzas personales, el tiempo y los espacios.

Vamos a planear nuestro tiempo

Dicen que el tiempo es el recurso más limitado, por eso debemos aprender a administrarlo. Y ¿para qué queremos más tiempo? Es muy simple: hay tareas que no podemos postergar y que toman parte de nuestro tiempo pero, una vez que "cumplimos", queremos el mayor número posible de minutos libres para dedicarlos a las actividades y a la gente que nos hagan más felices. Entonces empecemos por tomar conciencia del tiempo que tenemos disponible para aprovecharlo mejor. Primer paso: necesitamos ponerlo en blanco y negro, por eso es tan importante tener una agenda. Puede ser libreta, computadora, blackberry o el último modelo de ipad, eso es irrelevante.

Parece mentira, pero al poner en blanco y negro todas nuestras actividades y asignarles una fecha y horario en el calendario se nos va a quitar la sensación de andar arrastrando un pendiente. Vamos a poder cumplir con lo que realmente tengamos que hacer sin encontrar pretextos para procastinar[2] sin correr el riesgo de que se nos olvide. No es tan grave olvidar pasar a comprar el pan de regreso a casa, pero ¿qué me dices de dejar al perro toda la noche en la estética canina o, peor tantito, de olvidar a la amiguita de tu hija a la salida de la escuela?

---

[2] Diferir, postergar.

Por más *multitasking* (multitareas) y eficientes que seamos, no somos ni *Superman* ni *Wonderwoman* y, pretender serlo, es muy agotador. No vale la pena, así que no hay de otra más que saber delegar. Todos los miembros de la familia deben participar en las tareas domésticas. Eso, además de fomentar la equidad de género, también nos integra, ejercita la responsabilidad desde la infancia y aligera la carga para todos. ¡Ojo!: ¡dejemos de ser tan controladores!

Hay que dividir las tareas de la casa y repartir su administración entre todos los miembros de la familia: hombres y mujeres, según su edad, capacidades y gustos. Si eres soltero y vives con *roomates* (si compartes el espacio y los gastos con alguien más), acuerden también una asignación equitativa de todas las tareas de limpieza y administración.

Si tienes ayuda en casa, capacita a tu personal para que aprenda a hacer su trabajo de forma profesional: desde conocer la importancia del manejo higiénico de los alimentos y el uso adecuado de los productos de limpieza, hasta lo primordial, conocer los cuidados elementales y de primeros auxilios cuando comparten el cuidado de tus hijos.

Para que todo quepa en nuestras apretadísimas agendas, no queda de otra más que asignar tiempos para cada actividad: establecer horarios individuales y familiares para limpiar la casa, comer, trabajar, estudiar, jugar, ver tele, navegar en Internet, estar con los amigos y darse su propio "tiempo fuera" cuando sea necesario.

Organizarse es la única manera de garantizar tiempo de calidad para nosotros mismos, para estar en pareja, en familia y con los amigos.

🏠 Organicemos nuestros espacios

La casa puede ser el refugio que todos buscamos al final del día o el sitio donde pasamos la mayor parte del tiempo, así es que todo debería estar bien organizado, ordenado y limpio para que la familia pueda convivir a gusto.

Dejemos de estar pensando en la casa de los sueños y gocemos la que sí tenemos, asegurándonos de sacarle provecho a cada rincón de nuestro entorno para sentirnos bien donde vivimos. Cuando cada objeto está en su lugar, el ambiente se vuelve mucho más acogedor y hasta la convivencia se disfruta mejor.

Aunque seamos una familia "muégano" y convivamos felices en las áreas comunes de nuestra casa, todos necesitamos preservar los límites de nuestra intimidad. Por eso, en cada casa, por pequeña o grande que sea, tenemos que generar tanto áreas comunes (cocina, comedor, sala de tele...) como espacios privados (las habitaciones y el baño, aunque los tengamos que compartir).

Lo ideal sería tener un "cuarto propio",[3] pero cuando menos debemos asegurar que cada quien tenga su "cajón propio", y, sobre todo, tiempo propio.

🐷 Administremos nuestro dinero

Lo primero es saber cuántos recursos tenemos disponibles. Aunque duela y cueste trabajo, hay que ajustarnos a vivir con

---

[3] Parafraseando a Virginia Woolf en "Cuarto propio", cuyo título original es *"A room of one's own"*. En este ensayo, escrito en 1829, la autora inglesa expone que una mujer, para escribir, necesita dinero y un cuarto propio. Sólo a partir de estas dos posesiones puede empezar a crear.

lo que sí tenemos, no con lo que quisiéramos tener. Lo que tenemos hay que cuidarlo, sacarle jugo y hacerlo crecer, por eso es tan importante sentarnos con calma y hacer un presupuesto realista, ya sea de forma individual o en pareja, para sacar nuestro presupuesto familiar.

***Se trata de priorizar nuestras necesidades
y estar preparados para los imprevistos.***

Hay que enseñarle a todos los miembros de la familia, desde chiquitos, el valor de los recursos económicos y materiales. Es importante que aprendan a ganarse el dinero, a gastarlo, a ahorrarlo y a compartirlo con responsabilidad.

En lo personal pienso que donar el diez por ciento de nuestros ingresos a una causa con la que nos identifiquemos, debería ser una obligación universal, por el simple hecho de cumplir con nuestra responsabilidad social. En la tradición judía el acto de donar se llama *tzedaká*, significa "justicia" y es uno de sus mandatos fundamentales.

No le demos al dinero más importancia de la que tiene. Debe ser un medio, no un fin. Sencillamente sirve para abrirnos más opciones en la vida y acceder a más experiencias y, aunque suene trillado, no hay que olvidar nunca que las personas valemos por lo que somos y hacemos, y no por lo que tenemos.

Hasta aquí llega la primera parte del libro: **Organiza y disfruta tu vida privada o Manual para sobrevivir con estilo,** dedicada a las finanzas personales, el tiempo y los espacios.

Pasemos a la segunda parte del libro: **Organiza y disfruta tu vida pública o Manual para la logística de los eventos y la supervivencia de la vida social.** El capítulo, Hospitalidad y buen vivir es el que contiene todas las herramientas que necesitas para organizar y pasarla bien en la vida social. En él vas a encontrar todos los pasos para planear un evento y recibir con estilo a tus invitados, así como varios temas de "etiqueta y protocolo" actualizados a nuestros tiempos para que, ante la duda, siempre sepas qué y cómo hacerle y puedas sentirte como pez en el agua en cualquier situación.

 ## Organicemos nuestra vida social

La vida social se hizo para disfrutarse, pero a veces parece que luchamos para sobrevivir a pesar de ella. Por eso considero necesario organizarnos para que nuestros encuentros sociales sean felices.

La idea es saber cómo hacerle: desde cómo organizarnos para recibir invitados, planear un evento, montar una mesa bonita y elegir el menú, hasta cómo usar los cubiertos y conocer el protocolo en cualquier situación.

El protocolo es el conjunto de reglas y ceremoniales que deben seguirse en ciertos actos o con ciertas personalidades. Su finalidad es establecer procedimientos estandarizados para "cumplir con las reglas". Sin embargo, en lo personal, no estoy de acuerdo con un acercamiento tan rígido a la "etiqueta", que presuponga que sólo hay una manera "correcta" de hacer las cosas. Pienso que cuando las costumbres y tradiciones van cambiando, necesariamente el protocolo debe irse adaptando también. Además, eso de "etiquetar" es apretado y limitante.

Considero que muchas veces la etiqueta y el protocolo terminan siendo anticuados, excluyentes y sexistas. Para empezar, etiquetar a las personas y/o a los roles que se esperan de cada una, me parece como apretarlas dentro de un cajón donde no caben con tal de hacerlas encajar en el molde "correcto"; y para seguir, opino que una de las virtudes de las personas es ser auténticas, ser ellas mismas y actuar de manera congruente con su sentir y pensar.

Una vez aclarado el punto, también considero que respetar la esencia individual que nos caracteriza a cada persona no tiene por qué pelearse con ciertos "patrones" o costumbres de la "buena conducta", por el contrario, estoy convencida que ciertas normas, al igual que algunas "convenciones" de la etiqueta social, ayudan a que nos entendamos mejor.

La "etiqueta" es, simplemente, una forma cortés de comunicarnos con los demás y es una herramienta para ser mejores personas. Lograr que los demás se sientan especiales puede ser tan fácil como pedir las cosas por favor, dar las gracias, tener el detalle de presentar a dos personas en una reunión, ceder nuestro asiento, ayudar al vecino a bajar la carriola por las escaleras, abrirle la puerta a una mujer (gesto de caballerosidad que ojalá nunca pase de moda) o enviarle un pésame a un amigo querido que perdió a su familiar.

Por supuesto, que lo cortés no quita lo valiente, y ser un hombre caballeroso o una mujer atenta con los demás es algo que nunca sobra y que, me parece, necesitamos rescatar tanto en el ámbito público como en el privado. Parafraseando el título de un libro que leí hace poco, *"How to be a Hepburn in a Hilton World"*[4] deberíamos tratar de *"ser más Hepburn"*[5], aunque el mundo *"sea cada vez más Hilton"*, y no me refiero al fundador del emporio hotelero, sino a su nieta que ha sabido explotar el apellido.

---

[4] Christy Jordan, *How to be a Hepburn in a Hilton World: the Art of Living with Style, Class and Grace,* Ed. Center Street, Hachette Book Group, 2009.

[5] Audrey Hepburn fue una conocida actriz y filántropa hija de una baronesa holandesa y de un banquero inglés. Nació en Bélgica en 1929 y se lanzó a la fama en Broadway en los años cincuenta. Indiscutiblemente, fue la encarnación de la gracia y el estilo. También fue famosa por su belleza y elegancia y se consolidó como ícono de la moda en la película *Breakfast in Tiffany's* (Desayuno en Tiffany) (1961). Se destacó por ser femenina, educada, refinada y generosa. Dedicó sus últimos años de vida a una fundación para niños que ella misma creó.

Una aclaración final importante:

Al final de cada uno de los cuatro grandes bloques o capítulos (dinero, tiempo, espacios y vida social) vas a encontrar los temas relacionados con los niños: desde cómo prepararse para la llegada de un bebé, organizar la rutina, enseñarles el valor del dinero, ordenar sus juguetes y prevención de accidentes, hasta tips para sobrevivir a la paternidad y maternidad.

Ahora sí, hasta aquí ya tienes una idea bastante clara y general de por dónde voy con mi idea de la organización para mejorar la calidad de vida y disfrutar el buen vivir.

A partir de ahora, mi intención es que este libro sea una guía muy práctica que puedas consultar por temas, en orden y en desorden, cada vez que estés buscando las herramientas necesarias para atacar el tema que en ese momento te traiga de cabeza.

Ve de adelante para atrás o al revés, por ratitos o todo de un tirón. No importa, aquí yo, sencillamente, te dejo la mesa puesta para que te sirvas lo que quieras cuando te entre el antojo.

Te deseo que durante esta lectura te diviertas y encuentres ideas útiles que te ayuden a mejorar tu calidad de vida.

Organízate, pero siempre con la finalidad de disfrutar el buen vivir todos los días y trata de hacerlo con estilo.

Puse mucho cerebro, energía y corazón en este proyecto y espero ser una buena compañía a lo largo de estas páginas.

¡Gracias!

Natalia

PRIMERA PARTE

ORGANIZA Y DISFRUTA
TU VIDA PRIVADA
O MANUAL PARA
SOBREVIVIR CON ESTILO
EL DÍA A DÍA

CAPÍTULO 1

LAS FINANZAS PERSONALES

¿CÓMO ORGANIZARSE Y HACER UN PRESUPUESTO?

Una de las preocupaciones que me parecen más estresantes es deber dinero o sufrir porque la quincena no alcanzó. Sin duda, las angustias financieras son una de las razones que más nos quitan el sueño. Además, son una fuente de conflicto recurrente entre las parejas y sale a la luz lo peor de las familias cuando hay billetes de por medio. Por eso, y para poder dormir tranquilos, es indispensable hacer un presupuesto personal y en pareja que sea realista, no se trata sólo de no desperdiciarlo, sino también de hacerlo rendir lo más que se pueda.

El primer paso es tomar conciencia de nuestra realidad económica: *¿cuánto tenemos?* A partir de ahí, podremos planear nuestro ritmo de vida para no gastar de más y hasta podremos fijarnos metas de ahorro. Hay que aceptar que no podemos gastar más de lo que tenemos, pero le podemos sacar más provecho si lo administramos bien. También es muy importante ahorrar disciplinadamente y no: "*si me sobró*". Sólo de esa manera podremos ir haciendo un fondo para imprevistos y para el futuro.

El gasto se debe planear, es decir, tenemos que establecer prioridades: primero se cubre lo indispensable, luego lo necesario y, finalmente, si sobra, se gasta en lo deseable. Además, para que nuestro presupuesto sea real y los números nos "cuadren" al final del mes o del año, tenemos que considerar los gastos imprevistos.

Para hacer el presupuesto sólo hace falta tomar un cuaderno y una pluma, abrir una hoja de *excell* o tener un programa de cómputo de finanzas personales. Todas las opciones funcionan bien, la gracia es sentirse cómodo para ir vaciando la información. Si quieres, sírvete una copa de vino para relajarte un poco y concéntrate (no te sirvas tanto vino). Escribe una lista de los gastos que te vayan llegando a la mente en cuatro columnas:

Tabla presupuesto

Gastos fijos	Gastos variables	Gastos periódicos	Previsión y ahorro
Renta o hipoteca, colegiaturas, gasolina, agua, luz, teléfono, celulares, cable, sueldos de personal, transporte, estaciona-mientos, un promedio de supermer-cado, etc.	Médicos, reparaciones de electro-domésticos, papelería, medicinas, salidas a restaurantes y cines, ropa, zapatos, salón de belleza, peluquería, etc.	Tenencia y seguros del auto, seguros médicos, reinscripcio-nes al cole-gio, predial, membresías a clubes, etc., todos esos gastos que son bimestrales, semestrales o anuales.	Lo que hayas podido ahorrar en el mes —aunque sea debajo del colchón, seguro de gastos médicos, de educación o de vida, la inversión que metiste al banco o la bolsa de valores, etc.

No olvides incluir todos los gastos que contrataste a tres, seis o doce meses sin intereses en la tarjeta de crédito, por el momento son un gasto fijo.

Al principio, tu registro de gastos no va a ser tan preciso, pero si consultas tus estados de cuenta de servicios y los de tus tarjetas de crédito, te harás una idea aproximada y entonces podrás promediar el gasto mensual. Otra recomendación es que durante al menos un mes, aunque lo ideal es dos o tres meses, lleves una libretita en tu bolsa o registres todo en tu *blackberry, iphone* o *Smartphone*. Desde los cinco pesos que le diste al "franelero" para estacionarte o las monedas que le echaste al parquímetro, los tres pesos que le diste al empacador del supermercado y el café que te compraste de camino a la oficina, hasta el manicure más propina, más el producto que te "enjaretaron" en el salón, o la ida al boliche con tus cuates: la línea, los zapatos, las cervezas, la quiniela y el pago de la apuesta que perdista la vez pasada...

Te vas a caer de la silla cuando veas el dineral que se te "fuga" en gastos *hormiga*.

Además de gastos fijos, gastos variables y gastos periódicos, también es muy importante asignar parte de nuestros ingresos a ahorrar. El ahorro debería ser una prioridad, convierte el dinero que le destinas a este rubro en un "gasto fijo" que también te puede salvar en caso de algún imprevisto.

Para que te des una idea, una manera "sana" y razonable de distribuir tus ingresos es:

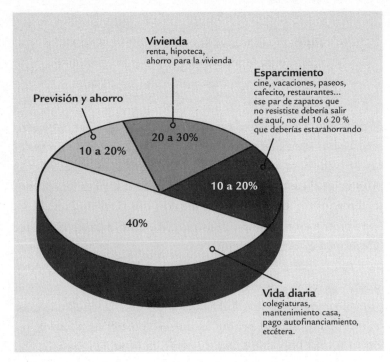

Vivienda
renta, hipoteca,
ahorro para la vivienda

Esparcimiento
cine, vacaciones, paseos,
cafecito, restaurantes...
ese par de zapatos que
no resististe debería salir
de aquí, no del 10 ó 20 %
que deberías estarahorrando

Previsión y ahorro

20 a 30%

10 a 20%

10 a 20%

40%

Vida diaria
colegiaturas,
mantenimiento casa,
pago autofinanciamiento,
etcétera.

No te agobies, si ya te acabaste tu copa de vino, sírvete otra y proponte, para este mes, tomar conciencia de cuánto y en qué estás gastando tu dinero. Ese es el primer paso para saber de dónde recortar cuando sea necesario y volver a dormir tranquilo.

¿Cómo organizar el dinero en pareja?

Cuando el dinero se organiza en pareja el ejercicio se complica. Dicen que en el amor, cuando hay dinero, no es asunto importante pero, cuando no lo hay, puede provocar un divorcio. Lo mismo sucede cuando el dinero, sea mucho o sea poco, no está negociado equitativamente o, para ser más exacta, no está acordado dentro de la pareja.

Aunque vivimos en una sociedad materialista y consumista, la verdad es que en el día a día estamos muy poco acostumbrados a pensar en el papel que el dinero y el poder juegan en nuestras relaciones de pareja y **no** nos damos cuenta de cuánto nos afectan estos temas.

El dinero, muchas veces, es un tema tabú, sin embargo es un hecho que **cómo lo ganamos**, **cuánto tenemos** y **qué significa para nosotros** refleja, de manera importante, quiénes somos. Por esta razón, en pareja debemos tomar conciencia del papel real que la economía juega en nuestras vidas, como individuos y también como compañeros.

De entrada, estoy segura que sí es posible llegar a acuerdos sobre el dinero en la pareja aun cuando las dos partes no ganen ni aporten el mismo ingreso. Supongamos que mientras que uno de los dos gana más dinero, el otro se encarga de la logística de la casa y cuida a los hijos. Sólo es cuestión de acordar que ganar dinero es igual de valioso que dedicarse a la casa y a la crianza.

En mi opinión esta frase de: *"Lo tuyo es mío y lo mío es mío"* no puede ser la manera de hacer un presupuesto en pareja. Cobrar venganza aplicando esta filosofía no es recomendable, como tampoco viene al caso: *"Lo mío es tuyo mientras me hagas feliz"*. Por ejemplo: muchas mujeres que se dedicaron a su casa, sus hijos y marido, y que, sin duda, colaboraron para que sus parejas consiguieran cada ascenso en sus trabajos, de pronto se quedan en la calle cuando el esposo decide cambiarlas por un ejemplar veinte años más joven. Ninguna de las opciones anteriores me parece viable.

Lo que es una realidad es que, si una pareja **no** se organiza con el tema del dinero, inevitablemente surgirán conflictos. Pero te tengo buenas noticias, se pueden llegar a acuerdos razonables para todos.

¿Qué tal aprovechar la calma del fin de semana para sacar el tema de forma relajada y negociar cómo distribuir los diferentes ingresos, es decir, qué es tuyo, qué es mío y qué es nuestro? Lo mejor es acordar juntos cómo distribuir los diferentes gastos, cómo, cuánto y en qué se va a gastar el dinero común, cuánto se va a ahorrar y cómo se va a invertir.

Personalmente, encuentro muy recomendable que cada uno tenga su cuenta y sus tarjetas de crédito independientes, por aquello de la autonomía e, incluso, para tener historial crediticio. Aparte, se puede abrir una cuenta común, donde cada uno aporte un porcentaje de su ingreso para los gastos, ahorro e inversiones de la pareja.

Cada pareja debe negociar su propio esquema de acuerdo a su situación y a sus preferencias, pueden establecer: *"Lo tuyo, lo mío y lo nuestro"* o que todo es de todos pero con reglas precisas de cómo, cuándo y en qué se gasta el dinero. Los porcentajes para dividir el presupuesto personal se aplican perfecto en pareja (puedes regresar a la gráfica anterior para ver cómo distribuir el ingreso).

Por último, para que el presupuesto sea realmente útil y ayude, de verdad, a mejorar nuestra vida diaria, te doy tres sugerencias:

1. Que el trabajo de ambos sea igual de valioso, independientemente de que sus ingresos sean diferentes.
2. Que ambos puedan tomar decisiones económicas de igual peso.
3. Que ambos tengan igual acceso al dinero, que nadie tenga que "pedir permiso" para comprar algo ni tenga que "robar" del gasto para hacerse su guardadito.

Si la pareja organiza su presupuesto de una manera eficiente, el dinero va a alcanzar para hacer más actividades y la relación será mucho más plena.

Pregúntale a Natalia: sácale jugo a tu dinero

- Administra lo que tienes, no lo que quisieras tener.
- Establece prioridades, cubre primero lo indispensable, luego lo necesario y, finalmente, lo deseable.
- Ahorrar para imprevistos debe ser un hábito.
- Cada pareja debe acordar qué porcentaje de su ingreso aporta cada uno.

¿Cómo cuidar el aguinaldo[1]?

El aguinaldo es un regalo que se da en Navidad. Viene de una tradición antigua en la que se intercambiaban regalos entre las personas en honor a los dioses, con la intención de desearse un año de salud y fuerza. Por eso, entre los romanos, se asociaba con Saturno (Cronos para los griegos) cuyas festividades, los saturnales, cerraban el año; y también con Minerva, mejor conocida como Atenea, que además de presidir las actividades inte- lectuales y escolares, asimismo se identificaba como la Minerva sanadora, médica. Se asocia con ellos porque, justamente, se trataba de augurarse prosperidad, salud y fuerza en el año nuevo.

La mitología cuenta que Saturno tuvo un reinado muy próspero, cono- cido como "la Edad de Oro" porque se dedicó a la civilización y enseñó a los hombres todo sobre el cultivo de la tierra. Atenea, por su parte, nació vestida de guerrera y además de luchar contra los gigantes, fue defensora de Heracles y protectora de Ulises. La fuerza y la sabiduría son sus puntos fuertes.

---

[1] El aguinaldo es un derecho anual que se debe pagar antes del 20 de diciembre y, como mínimo, debe ser equivalente a quince días de trabajo. Quienes no hayan cum- plido el año de trabajo tienen derecho a la parte proporcional. Es una disposición obligatoria en México desde 1970, a cargo del patrón y a favor del trabajador.

Regresando a los orígenes del aguinaldo, la tradición saturnina se fue convirtiendo en una obligación a cambio de protección que, como suele suceder, el pobre tenía que pagarle al rico, el ciudadano al príncipe, el discípulo al maestro, etc.

En algunos países se otorga un bono navideño como compensación por productividad o por haber alcanzado metas y objetivos muy concretos. Pero, en México, el aguinaldo es un derecho de los trabajadores y está estipulado en el Artículo 87 de la Ley Federal del Trabajo.

La idea de dar aguinaldo es que en diciembre siempre se originan gastos extraordinarios por las fiestas y el salario, por sí solo, no es suficiente para cubrirlos. Lo malo es que la mayoría de la gente se lo gasta, incluso, desde antes de recibirlo.

Una gran parte del aguinaldo se va a pago de deudas; otra se esfuma con la compra de regalos navideños; otro poco se destina a cubrir los costos de la cena (que tradicionalmente y, si el bolsillo lo permite, en México consiste de pavo, romeritos, bacalao, caldo de camarón, y no hay que olvidar el guardadito para las bebidas porque hasta el ponche lleva "piquete"). Y, para los que son extremadamente afortunados, en el mejor de los casos, se destina a las vacaciones.

El "espíritu navideño" llega con un impulso consumista que relaja la cartera y nos volvemos más "gastalones". Digamos que nos damos permisos que a lo mejor el resto del año no nos concedemos: desde lo que comemos y bebemos, hasta lo que compramos y cuánto gastamos.

Está bien, se vale, finalmente si uno no se da sus gustitos, entonces ¿qué gracia tiene perseguir la chuleta todos los días? Pues sí, pero no hay que exagerar, en realidad recomiendo que pensemos bien lo que vamos a hacer con el aguinaldo, cómo lo vamos a distribuir antes de meterle un trancazo a la tarjeta de crédito, no permitamos que se nos esfume porque al rato llega la cuesta de enero.

Lo primero es saber cuánto vamos a recibir y luego, en función de eso:

· Pagar deudas. Nada como dormir tranquilo porque no debemos nada. Es de pésimo gusto estrenar botas si no hemos cumplido nuestros compromisos con otra persona que, por prestarnos, probablemente no va a estrenar ni pantuflas.

· Ahorro. Para abrir la cuenta o engordar el cochinito.

· Compras. En enero vienen las rebajas y conviene esperar.

· Vacaciones. Tal vez vale la pena guardar ese dinero y no salir en diciembre porque todo es caro, está lleno y el servicio es pésimo. Mejor guárdalo y ve planeando las vacaciones con tiempo, de preferencia para la temporada baja, que es cuando se pueden conseguir paquetes realmente "jugosos" a buen precio. Con tiempo puedes ir pagando los boletos de avión o haciendo el ahorro para el hotel, las comidas y el transporte, así es mucho más fácil que tener que desembolsar todo de un jalón en el último momento. Si de plano ya decidiste tomarte las vacaciones ahora porque no se puede en otro momento, entonces, con más razón, guarda parte del aguinaldo para cubrir el gasto y no regresar endeudado en enero.

· Festejos. Repartirse el menú, los gastos y la chamba. Entre todos es más fácil y más barato organizar las comidas, cenas y reuniones.

· Regalos. En vez de gastar una fortuna en regalitos que de todas maneras a nadie le gustan, mejor llega a un acuerdo entre familiares y también entre amigos y compañeros de trabajo, y organicen un intercambio. Otra opción es hacer un buen donativo a una causa con la que todos se sientan comprometidos y decirle a su gente que, en su nombre, donen para esa causa (algunas instituciones dan "certificados de donativo") o, de plano, puedes acordar que: *"este año no hay regalos"*. Nadie se va a morir por eso. Bueno, a la esposa y a la mamá siempre hay que darles algo ¿no? Para todos los demás se puede ser creativo y hacer regalos a bajo costo que sean solamente un detalle para que sepan que los queremos y les deseamos lo mejor en esta época[2].

Si queremos prosperidad saturnina tenemos que ser previsores como la hormiga de la fábula[3] y no despilfarrar todo porque la verdad no vale la pena. Con un poquito de planeación y organización podemos hacer muchas más cosas y de más calidad en todos los sentidos. En eso consiste el buen vivir.

¿Cómo cumplir las metas financieras?

Un querido amigo me hizo llegar un artículo del New York Times, de Tara Siegel Bernard, especialista en finanzas personales, justo en el momento en que yo estaba cerrando el año y me preparaba, mentalmente, para iniciar uno nuevo.

Fue un texto muy afortunado en tiempo y contenido y, en realidad, me puso a pensar. Me surgieron muchas ideas a raíz de

---

[2] Si quieres ideas de regalos de Navidad visita mi *blog* www.preguntaleanatalia

[3] Es una de las fábulas atribuidas a Esopo y luego recreada por Jean de la Fontaine. La moraleja es que: vale más prevenir que lamentar y refleja que la previsión y el trabajo constante se ven recompensados por una vida sin escasez, mientras que la falta de planeación se paga con hambre y frío. Por pasar el verano cantando, cuando llega el invierno, la cigarra se encuentra desprovista de alimento, mientras que la hormiga previsora y laboriosa, está lista para sobrevivir despreocupada mientras dura el frío y la escasez.

esa lectura porque era el momento en que la gente andaba en el canal de hacer sus "propósitos de Año Nuevo" pero, al mismo tiempo, ya se sentía agobiada por la inminente cuesta de enero que muy pronto le iba a caer encima.

Según Tara Siegel, una de las razones por la que la gente gasta de más o no logra cumplir sus metas financieras, es porque el dinero se ha convertido en una abstracción. Cada vez manejamos menos efectivo y el uso de la tarjeta de crédito nos da una gratificación inmediata, pero sin las consecuencias inmediatas. Yo agregaría, además, que, desgraciadamente, cada vez diferimos a más meses sin intereses esas consecuencias.

La otra cuestión que Siegel planteaba, es que la especie humana es terrible para cumplir sus planes, entre otras cosas, porque se enfoca demasiado en las restricciones y muy poco en la parte divertida de sus planes.

A mí eso me suena muy conocido. Nos tenemos que ayudar un poco más o moriremos en el intento de cumplir nuestros propósitos, los que sean. La verdad es que casi siempre terminamos abandonando nuestros planes financieros, en el mejor de los casos, diría yo, cuando en efecto tenemos un plan, mandamos a la "porra" la dieta para bajar de peso y claudicamos en cualquier plan de hacer ejercicio.

Me queda clarísimo que pagar las deudas, crear un fondo de emergencia, ahorrar para el retiro y llevar una vida más sana son intenciones muy buenas, pero el reto está en cerrar la brecha entre esas buenas intenciones y nuestra "naturaleza humana" para que, efectivamente, podamos llevarlas a cabo.

Al principio de este capítulo ya hablé de cómo organizar un presupuesto y dije que lo primero es registrar cada peso que gastamos. Luego establecí qué porcentajes le deberíamos asignar a cada rubro de nuestro gasto (vivienda, ahorro, sustento, esparcimiento...). ¡Qué bien, ya vamos progresando!, pero la mala noticia es que tener la información y tener las ganas de hacerlo no son suficiente: la verdad es que necesitamos tener en mente un propósito claro cuando nos sentemos a hacer nuestro presupuesto o plan financiero para el año nuevo.

Va a ser mucho más fácil si decidimos ahorrar un monto real, adecuado a nuestro ingreso si mensualmente separamos ese dinero que si sólo traemos la abstracción mental de que: *"tengo que ahorrar si quiero ir de vacaciones"*.

Entonces, tener un propósito o una meta clara, ayuda. Luego, como no podemos confiar tanto en nuestras buenas intenciones, lo mejor sería amarrar nuestro ahorro a la tarjeta de crédito o programarlo para que se transfiera en automático a alguna cuenta de ahorro.

Retomo a Tara Siegel, que sugiere hacer distintas subcuentas para separar nuestro dinero, aunque sea mentalmente. Estoy segura que vale la pena hacerlo y hacerlo de verdad:

- Tener una cuenta para los gastos discrecionales o los gustitos o lujos que nos queramos dar, como por ejemplo, un viaje de fin de semana o los zapatos que nos quitan el sueño.
- Tener otra cuenta para nuestros gastos diarios. Incluso tener un apartado o subcuenta para los imprevistos comunes, como reparar el coche, cambiar la lavadora o restaurar el techo de la sala que se nos cayó encima por la humedad.
- Finalmente, deberíamos tener una cuenta intocable donde vayamos ahorrando para el retiro. Se supone que esa debería ser la prioridad: primero calcular cuánto necesitaríamos depositar ahí cada mes para asegurar nuestro retiro y luego, con lo que sobre, organizar el resto de nuestro presupuesto.

Seamos realistas y dejemos de creer que podemos lograr nuestros propósitos nosotros **solitos**: no bastan las buenas intenciones porque no somos seres confiables.

- Si quieres ahorrar para el retiro, que se te descuente en automático de la nómina.
- Si quieres ahorrar para llevarte a tu familia a Europa, abre una cuenta y programa una transferencia mensual que se haga en automático.
- Si quieres ayudar a una institución, que te hagan el cargo automático a la tarjeta mensualmente.
- Y, si quieres bajar de peso, ve al nutriólogo y págale para que te duela romper la dieta.

Si queremos lograr algo, lo tenemos que planear con buenas intenciones. Por lo tanto, nos tenemos que agarrar de los mecanismos externos que nos ayuden a comprometernos, la gracia es que tengamos un costo de oportunidad y una consecuencia inmediata. Si no cumplimos, busquemos incentivos para desarrollar hábitos duraderos que realmente cambien nuestra calidad de vida diaria y nos acerquen a la felicidad cotidiana.

¿Cómo comprar con estrategia y "colmillo"?

Estar en armonía con los objetos materiales que tenemos y también con los que no tenemos, es muy importante para nuestra vida diaria. Me parece necesario saber desapegarse y desprenderse de lo que no usamos, no necesitamos y no nos gusta, así como aprender a controlar nuestros impulsos por adquirir nuevos.

Sentir la necesidad de comprar o tener cosas porque estamos ansiosos, deprimidos o eufóricos es un foco rojo que debemos atender antes de salir corriendo al centro comercial. Es cierto que algo "nuevo" nos da un placer instantáneo pero, justamente, la novedad dura sólo un instante y, en cambio, lo que nos queda es un hueco en el bolsillo y el problema de haber acumulado algo que, quizá, ni siquiera nos quepa en el clóset.

Para quienes heredamos el *chip* de: "*Hay que estar preparados para los malos tiempos*", probablemente es muy difícil que lo rompamos. Haber pasado escasez o venir de una familia que vivió la guerra, el exilio y/o tiempos difíciles, no ayuda, sin embargo es importante romper ese ciclo y superar ese sentimiento.

Superar el miedo a la escasez es el primer paso para dejar de comprar cuarenta y ocho rollos de papel de baño para una familia de cuatro miembros y dejar de necesitar que haya cinco latas de cada vegetal en la despensa para sentirnos abastecidos.

Leí un libro muy interesante, que me recomendó una amiga que, por cierto, yo también recomiendo, *The art of possibility*[4] (en realidad es un libro lleno de herramientas prácticas y aterrizadas para ser una persona mejor y acercarse, un poco, a la plenitud. Además de que me pareció lleno de historias inspiradoras), que sugiere que salgamos de la mentalidad de la escasez y entremos en la de la abundancia.

Esta manera de ver el mundo nos abre la puerta para un nuevo enfoque en nuestras vidas, que nos permitirá encontrar la posibilidad, incluso dentro de la adversidad, de hallar abundancia donde antes veíamos sólo escasez. En términos económicos, es una manera de darle la vuelta a la dificultad de administrar recursos escasos ante necesidades ilimitadas.

Llevar a la práctica el consejo anteriormente mencionado no es tan complicado: en lugar de enfocarnos en todo aquello que quisiéramos y no tenemos, mejor empecemos a ver todo lo que sí hay a nuestro alrededor. Digamos que es dejar de ver el vaso

---

[4] Stone Zander, Rosamund y Zander Benajmin, *The Art of Possibility,* Penguin Books, 2002.

medio vacío y dejar de estar empeñados en administrar la "escasez" y empezar a verlo medio lleno para entrar a la modalidad de "abundancia". Esta "filosofía" tiene miles de aplicaciones en nuestra vida cotidiana.

Por ejemplo: al sentir la necesidad de salir corriendo de compras, lo mejor es detenerse, respirar y mirar alrededor. Me viene a la mente una frase que repiten con frecuencia en una estación de radio que sugiere: *"Piensa más, usa menos"*... Me encanta y tiene muchas aplicaciones, no sólo la literal.

Si en en algún momento abrimos un cajón, echamos un ojo al clóset y nos fijamos en todo lo que sí tenemos, nos vamos a dar cuenta de toda la ropa que nos sobra. Es muy probable que el simple hecho de ver lo que sí tenemos, nos calme el "impulso comprador" y hasta nos podamos relajar y pasar a otro asunto.

Ahora bien, si de plano te dan ganas de entrarle al toro por los cuernos, manos a la obra. El *"procedimiento exterminador"* que sugiero es siempre el mismo:

1. ¿Qué conservar?
2. ¿Qué donar?
3. ¿Qué tirar?

De lo que decidas conservar piensa entonces qué y cómo lo puedes renovar o reciclar:

·   Encontrarle un nuevo uso a un mueble, por ejemplo, convirtiendo tu armario de blancos en mueble para la tele y películas o una vitrina que heredaste de tu abuela para guardar tus zapatos favoritos.
·   Darle una mano de pintura a una mesita de noche que ya te aburrió o cambiar las manijas de algún gabinete.
·   En vez de ir a comprar nuevos marcos sólo ponles nuevas fotos.

- Cambia los cuadros de lugar.
- Guarda algunos adornos para darle aire a tus espacios.
- Intenta hacer nuevas combinaciones con la ropa para verte distinto sin tener que comprar nada nuevo.
- Señoras, saquen los accesorios y acomódenlos bien y a la vista para rescatarlos del olvido, desde sus collares y mascadas hasta sus bolsos...
- Señores, pueden hacer eso mismo con las corbatas, mancuernillas, relojes... Y, si son más modernos, también con las mascadas, sombreros...

Es impresionante darnos cuenta de todo lo que tenemos ahí, sin usar.

Si lo tienes, úsalo y si no lo usas, regálalo.

Es muy probable, si no lo has usado en un año, que no lo necesites ni lo vuelves a usar. Alguien más te lo va a agradecer y tú andarás más ligero y organizado y, en una de esas, estás abriendo espacio a recibir cosas nuevas.

A la hora de comprar...

¡Claro que ir de compras se vale!, pero hay que hacerlo bien, de forma estratégica y eficaz.

Lo primero es pensar si realmente **necesitas** eso que está a punto de sacarle chispas a tu tarjeta de crédito.

A mí me funciona muy bien hacer listas para todo lo que tengo que comprar: desde la fruta y la verdura que necesito en función del menú que voy a preparar en la semana, hasta la de la ropa. Si mis hijos necesitan jeans y tenis, no les compro traje de baño ni chamarra, aunque estén de oferta. Si lo que yo necesito es un pantalón gris o un cinturón azul marino, me alejo de la zona de los zapatos, al menos mientras encuentro el pantalón gris.

Ya que tienes en tu mano lo que quieres, te lo pruebas, te lo miras bien y, objetivamente, decides si te encanta y te queda increíble. Checa que sea de buena calidad, que esté bien cortado, bien terminado y que se te vea bien. ¿El color, el estampado y el escote te favorecen? ¿Es la talla que te queda bien? Si respondiste a todo que sí, entonces mira el precio. Olvídate de comprar algo "porque está de oferta" o porque "ya merito vas a ser esa talla".

Si es ropa que realmente necesitas, que es de buena calidad y que te queda impecable, entonces el precio no debe ser lo primero que veas, debe ser lo último. Sólo debes verlo para asegurarte que está dentro de tus posibilidades económicas, pero no debe ser la razón para llevártelo.

Si cumple con todos los requisitos pero está un poco por encima de tu bolsillo, no lo compres. Mejor salte de la tienda y sigue con tu vida y, si al día siguiente te das cuenta que en vez de sentirte aliviado por no haberlo comprado recibes un rayo de "iluminación" de que "tiene que ser tuyo", entonces regresa a la tienda y cómpralo.

Por último, ponte muy abusado en la zona de cajas; no importa si estás en el supermercado, en una librería o en una tienda departamental, los empleados siempre se las ingenian para venderte algo de último momento justo cuando vas a pagar. No caigas en las tentaciones que los estrategas de la mercadotecnia usan para hacerte comprar.

¿Cómo ahorrar aprovechando lo que hay en la despensa?

Estoy segura que desde que entraron a México las grandes tiendas de membresía, nos hemos convertido en consumidores más irresponsables. Para nada quiero menospreciar a este tipo de comercios, que por cierto me encantan, porque pienso que pueden resolver ciertas compras de una manera muy práctica.

La verdad es que nadie necesita tener seis salsas iguales en la despensa ni veinte cajas de pañuelos desechables en las puertitas del baño... Lo que pasa es que, a veces, el miedo a la carencia nos hace comprar de más (si nosotros o nuestros padres o, incluso, abuelos pasaron carencias, es común que se tienda a "almacenar" de más).

Otras veces, lo que sucede, es que nos vamos con la finta de que estamos siendo precavidos y ahorradores porque es más barato "comprar de a mucho, aunque sea de sobra", pero no necesariamente es siempre así.

Mientras que algunas personas no comen, otras terminan tirando 40% de lo que compran...

En el caso muy particular de la comida es especialmente común que compremos mucho más de lo que somos capaces de consumir. Es típico que vas al supermercado y te encuentras una salsa o una lata de algo medio exótico y la compras porque, según tú, vas a preparar un pollo tailandés con leche de coco y curry verde, pero la realidad es que esa lata se queda hasta atrás de tu despensa y es muy probable que, cuando la vuelvas a ver, ya haya caducado.

Es una lástima y casi un crimen, pero la realidad es que terminamos tirando nuestra comida y, con ella, nuestro dinero. Urge ser un poco más consciente a la hora de consumir y, de paso, cuidar mejor nuestro dinero que tanto trabajo cuesta ganar.

Por eso, antes de lanzarte a hacer las compras este fin de semana, te sugiero echarle un buen ojo a la despensa, refrigerador y congelador, y decidir usar todo lo que tienes antes de resurtirlo.

Una buena estrategia es tratar, durante al menos una semana, de comprar sólo los productos frescos como huevo, lácteos, fruta y verdura, y preparar los menús con lo que haya en casa.

Vamos por partes:

Despensa (rotación de inventarios)

Lo más nuevo debe estar hasta atrás y lo más pronto a vencer, hasta adelante. Es muy importante checar las caducidades de las latas. Si hay alguna que ya haya caducado ¡no hay que arriesgarse! La lata se abre, el contenido se desecha para que nadie más lo consuma y se enjuaga, antes de tirarla con lo reciclable.

Dicen que de la vista nace el amor, en verdad, al volver a ver lo que hay en la despensa, llega el antojo con la inspiración para prepararlo.

En el refrigerador y congelador

Al menos una vez a la semana hay que sacar todos los restos y las sobras, y reciclarlos de alguna manera para que nada se eche a perder ni se desperdicie. Por ejemplo: si tenemos varias sopas de distintas verduras, se pueden juntar todas y molerlas para después sazonarlas con alguna especia como curry o con hierbas de olor.

Se pueden aprovechar los restos de las verduras para hacer un omelette o una tortilla tipo española, y los restos de los guisos son perfectos para preparar lasaña, canelones o quiche[5].

---

[5] En mi página encuentras la receta básica para preparar un quiche con lo que tengas.

La comida del congelador también hay que revisarla periódicamente. Al congelar carne, pollo, pescado, caldos y hasta guisos, es preferible escribir la fecha en la que se colocó en el congelador con un marcador sobre la bolsa o en una etiqueta para que los inventarios roten como en la despensa: lo más nuevo hasta atrás para usar primero lo más viejo.

✾ *Pregúntale a Natalia:* sácale jugo al supermercado

- ✾ Haz una lista de lo que necesitas y trata de apegarte a ella. Claro que nos podemos dar ciertos gustos cuando se pueda, pero hay que asegurarnos de no hacer compras impulsivas que terminen en la basura.
- ✾ Haz una lista para toda la semana en función del menú. Vale la pena sentarse un momento para planear el menú y no tener que regresar a la tienda. También sirve para reducir las sobras y el desperdicio.
- ✾ Nunca debes ir al supermercado con hambre porque compras de más.
- ✾ Debes tratar de comprar sólo lo que vas a usar en la semana y evitar esas compras del tipo *"aprovechando la oferta, me llevo cinco paquetes de algas por si un día aprendo a hacer sushi"*.

¿Cómo organizar un mejor viaje con menos dinero?

Por experiencia propia sé que es posible hacer viajes espectaculares a un costo realmente reducido, sólo hace falta planearlos con tiempo, lo ideal es entre nueve y seis meses de anticipación para ir "amarrando" todo.

Con un poco de paciencia se encuentran muy buenas ofertas en los sitios especializados de Internet.

Existen algunos aventureros que deciden viajar a última hora y eso también se vale. ¡Qué aburrido sería vivir una vida predecible, programada y planeada! Pero, aunque es cierto que algunas veces improvisar trae mejores resultados, es un hecho que si nos lanzamos sin planear un poco, nuestra aventura en temporada alta va a ser una pesadilla y terminaremos pasando la noche en el automóvil, en la estación de autobuses o en el aeropuerto.

Además de los beneficios de anticipar la logística, pienso que desde la planeación del viaje, ya empezamos a disfrutarlo. Es como ver el menú de un restaurante y comenzar a salivar sólo de pensar en lo que nos vamos a comer, con la ventaja de que ver el menú no engorda.

Poder viajar es un privilegio. No importa si es dentro o fuera del propio país, siempre es una invitación a conocer otras caras, otras voces, otros olores, otras comidas. Ver otras maneras de llevar los zapatos y andar por el mundo con ojos distintos es una oportunidad de salirse de uno y mirar alrededor. Hacerlo por puro placer es un doble privilegio que va de la mano de una gran responsabilidad, la de absorber y asimilar todo sin el letargo de la rutina. Viajar nos obliga a sacudirnos los prejuicios y a ampliar la mente.

Si apenas lo vas a planear...

Lo primero es establecer si elegimos el destino en función del presupuesto disponible: tengo "x" cantidad, ¿para qué me alcanza? O, si por el contrario, armaremos el viaje en función del destino que queremos visitar, ¿cuánto me cuesta viajar a "x"? En ambos casos hay que ser realistas y tomar en cuenta lo que sí podemos gastar en un viaje.

No se trata de irse un mes en plan *jet set* y tener que regresar a sobrevivir de pan y agua los siguientes seis meses. Quizá valga más la pena hacer un viaje más modesto, pero regresar a vivir tranquilamente, que lanzarse a la expedición del siglo y, luego, tener que pasar todo el año o la década arrastrando deudas. Tal vez nos demos cuenta que vale la pena esperarnos un año más para hacer "ese" viaje y seguir ahorrando mes con mes para disfrutarlo bien.

Ya sabemos a dónde vamos, ahora hay que saber cómo llegaremos ahí. Hay que decidir qué medio de transporte vamos a usar.

En avión:

Siempre es preferible reservar los boletos con anticipación, buscar las tarifas promocionales en los sitios de Internet especializados (martes, miércoles y sábados suelen ser los días más baratos para volar) y, si es posible, también reservar los asientos.

Para sacar boletos con millas se necesita mucha paciencia y estar insistiendo y esperando en la línea para conseguir un lugar, pero a veces la espera lo vale. Si eres afortunado y tienes una tarjeta de millas platino, puedes reservar hasta con doce meses de anticipación y es más fácil conseguir asientos.

También acuérdate que las tarjetas de crédito te dan puntos. Además, te conviene pagar con ellas tus boletos porque en caso de pérdida o demora de equipaje, te pagan un dinerito y puedes contratar algún servicio de protección al viajero.

Al volar dentro de Estados Unidos o dentro de Europa se pueden conseguir vuelos baratos en aerolíneas pequeñas[6], y dejar las líneas grandes, que son más caras, para vuelos trasatlánticos o para salir del país.

Antes de salir es preferible confirmar los vuelos y verificar los asientos. Generalmente, se puede hacer cuarenta y ocho horas antes del vuelo y se puede, incluso, adelantar el check in por Internet, aunque luego se documente el equipaje. Se ahorra mucho tiempo.

En coche:

Es importante hacerle un buen servicio y chequeo antes de salir de viaje. También hay que revisar que estén las herramientas completas, llevar un botiquín de primeros auxilios y una bolsa para la basura, además de agua, pañuelos desechables, toallas húmedas y cositas ricas para comer.

Si vas a reservar un coche, hazlo con tiempo para conseguir un mejor precio y asegurar la unidad que quieres. Revisa la vigencia de tu licencia y no olvides llevarla. Cuando compras en paquete el avión con hotel y coche, te sale más barato que comprar avión por un lado, y pagar aparte hotel y traslados en taxi desde el y al aeropuerto[7].

En autobús y tren:

Si vas a viajar en autobús casi siempre puedes comprar tus boletos por Internet. Si vas en tren, también puedes reservar en línea y, aunque no se pudieran recibir por mensajería o imprimir el

---

[6] Prueba líneas tipo *Vueling* en Europa e *Easyjet* en Estados Unidos o visita momondo. com, skyscanner.com, expedia.com y orbitz.com

[7] Para paquetes de hotel, avión y auto, checa expedia.com o despegar.com y para Estados Unidos entra a autolash.com porque monitorea los precios y si reservaste un coche a "x"precio y de pronto el precio baja, te lo ajustan en tu reservación.

boleto, al menos ya tienes el asiento reservado en el horario que quieres y luego, sencillamente, lo imprimes en la estación. Este procedimiento aplica en Europa especialmente.

Para el hospedaje:
Busca tarifas de hotel en Internet y compara. A mí me gusta **www.hotwire.com** porque puedo conseguir ofertas increíbles. Me encantan los buenos hoteles, ya sean de los grandotes donde el baño es tan delicioso que no te dan ganas de salir de ahí o de los pequeñitos que tienen su encanto, todo depende de la ocasión y el tipo de viaje que esté haciendo pero, en cualquier caso, no me gusta pagar las tarifas completas y siempre busco opciones por las que no necesite desembolsar una fortuna.

La verdad es que hay desde hotelotes de gran lujo hasta *bed and breakfast o maison d´hôte*[8] y paradores extraordinarios que son un placer y que se pueden conseguir a muy buenos precios si se saben buscar.

Al viajar con niños considero como mejor opción elegir lugares más "caseros", especialmente si son varios días. Tendrás más espacio para descansar, quizá podrás lavar ropa, por lo tanto, llevarás menos maletas. Si dispones de una cocineta podrás darles un cereal en la mañana y preparar unos sándwiches para llevar durante el día y reducir, bastante, el gasto en comidas.

Twitter es hoy a las promociones lo que Internet era hace diez años. Se consiguen exclusivas y sólo hay que "seguir" la cuenta del hotel o la aerolínea. Para hoteles *boutique* Quickbook es una joya.

Siempre hay que checar las vigencias de pasaportes, visas y requerimientos de vacunas, si aplica. Escanea todos los docu-

---

[8] Servicio de hospitalidad que ofrece cama y desayuno, la diferencia es que el segundo término es en casa particular.

mentos de tu familia y mándatelos a tu *mail*. Así siempre tendrás un respaldo accesible desde cualquier café Internet en cualquier parte del mundo en la que te encuentres.

Cuando planees ir a algún espectáculo, concierto o museo, compra las entradas por Internet y con la mayor anticipación posible. Este paso te permitirá ir armando los planes de las vacaciones y evitará la frustración de quedarte sin boletos o perder toda la mañana haciendo fila para conseguirlos.

Para empacar:
Marca todas tus maletas con el mismo distintivo para evitar confusiones, puede ser un cordón de algún color estridente. En las papelerías grandes venden unos identificadores de plástico y de colores muy resistentes.

Cuando vayas a salir escribe la dirección de tu hotel o destino, por si la maleta se pierde, para que te la entreguen más rápido. Anota siempre tu nombre y, si quieres, por seguridad, no pongas la dirección de tu casa, no es necesario, basta con un correo electrónico y teléfono.

No olvides llevar una bolsa para la ropa sucia, ahí vas a echar la que ya no vas a necesitar y así evitarás que se revuelva con la limpia dentro de la maleta.

Viaja ligero:
No lleves más de lo necesario, un día alguien me dijo: *"Saca lo que quieres llevar y empaca sólo la mitad"* y, aunque no sigo este consejo tan estrictamente, es de los mejores que me han dado.

Lleva ropa que combine entre sí para que puedas mezclarla y no verte como retrato aunque lleves poca.

Si viajas con alguien más y cada quien lleva su maleta, pon una muda completa en la maleta del otro, por si alguna de las dos maletas llega tarde o se pierde. Si viajas solo, considera llevar una muda en tu equipaje de mano, por si acaso, especialmente si vas directo a una reunión de trabajo.

¡Ojo con las joyas y artículos de valor! No lleves de más y no las documentes, siempre tráelas en tu bolsa.

Los zapatos pesan mucho en la maleta, además de que ocupan bastante espacio, tampoco lleves de más. Asegúrate de llevar unos cómodos, que los aguantes aunque camines todo el día.

Si vas a ir de compras, depura tu clóset antes. Haz espacio para guardar la ropa nueva que vas a traer y llévate sólo la indispensable. Aprovecha para estrenar en tus vacaciones. Realiza una lista mental o escrita de lo que "necesitas" y fíjate muy bien lo que te estás comprando.

Prepara un *nécessaire*[9] práctico y ligero, lleva tus productos de siempre pero en botellas pequeñas. Si vas a viajar en avión tienes que documentar líquidos y geles, y en tu equipaje de mano sólo puedes llevar hasta seis botellas de 100 ml cada una y deben ir en una bolsita de plástico transparente, de las resellables tamaño sándwich, ya que las tendrás que mostrar al pasar por los rayos X.

No olvides un botiquín completo, especialmente lleva antibióticos porque muchas veces no se pueden comprar sin receta médica o son difíciles de conseguir. Lleva los números de teléfono de tus médicos, tu tarjeta del seguro médico (si no lo tienes, en vez de irte de viaje, cómprate uno **¡ya!**) y déjale a algún familiar o amigo el contacto donde te pueden localizar en caso de emergencia.

Si viajas con niños, anótales su nombre y el teléfono de contacto en la suela del zapato, en un gafete o en una tarjeta que lleven dentro de la bolsa del pantalón.

Lleva los cargadores necesarios para tu *ipod*, cámara, celular, *laptop*... No olvides tus lentes, gafas de sol y un buen libro para el camino.

---

[9] Estuche de viaje.

Pregúntale a Natalia:
lo que no debemos olvidar

❀ Lleva un respaldo electrónico de tus documentos en una USV o en tu cuenta de mail: los escaneas y te lo mandas Cc a un familiar.

❀ Dale copia de las llaves de tu casa a algún familiar o vecino, nunca sabes si de pronto hay una fuga de agua a la mitad de tu sala y el plomero tiene que entrar de emergencia.

❀ Deja una lista de teléfonos de emergencia y contacto, la vecina tal vez no te va a llamar a tu destino vacacional, pero sí vas a agradecer que pueda avisarle a tu suegra.

❀ Asegúrate de que alguien tenga acceso a tus documentos y cuentas personales en caso de que algo grave te suceda.

❀ Si tienes hijos deberías tener hecha una ruta crítica de pasos a seguir en caso de emergencia, desde los datos del agente de seguros hasta los del ejecutivo de cuenta y el notario en donde hiciste tu testamento. Designa un albacea y designa un tutor si tus hijos son menores de edad.

❀ Si no tienes testamento, ¿qué esperas? Piensa en la Ley de Murphy, si tienes todo en orden no pasa nada.

❀ Trata de dejar tu casa en orden y limpia antes de irte para que al volver no te venga una depresión súbita por regresar a la rutina.

❀ No dejes comida que se pueda echar a perder en el refrigerador o cuando regreses vas a encontrar restos de pavo o bacalao mutante.

❀ Disfruta tus vacaciones y desconéctate, lo más posible, de tu vida cotidiana.

❀ Si es posible, usa tu último día de vacaciones para descansar en casa y reponerte del viaje.

¿Cómo viajar sin perder el estilo, aunque vueles en clase turista?

Cuando los vuelos comerciales se abrieron al público, subirse a un avión era todo un acontecimiento. La gente se arreglaba muy bien para tal evento y sacaba su mejor ropa para estar a la altura de la ocasión, porque el simple, que de "simple" no tiene nada, hecho de volar era, por sí mismo, parte de la experiencia. Muy pocos afortunados tenían acceso a este privilegio.

En la exposición permanente que hay en el Museo del Aire y el Espacio en Washington DC, se exhiben desde los modelos de los aviones hasta los uniformes de las primeras aeromozas. Me viene a la mente la serie Mad Men[10], de la que me declaro fan por muchas razones. Recuerdo un capítulo que muestra realmente bien cómo se fue gestando el boom de las aerolíneas en los años sesenta.

En lo personal, agradezco que hoy en día volar sea tan fácil y común, que sea práctico y democrático. También celebro que sea un medio de transporte que, aunque caro, sea más accesible para más gente. Sin embargo, siento que a algunas personas se les ha pasado la mano, no digo que tengan que viajar elegantemente, pero hay quienes, a veces, ni se bañan. ¿Qué les cuesta?

Hay viajeros frecuentes, otros que, como George Clooney en "Amor Sin Escalas"[11], pasan más tiempo en el aire que en la tierra, y otros que viajan por primera vez. En cualquier caso, si vas a subirte a un avión, hay algunos tips muy básicos para que el vuelo sea más placentero.

---

[10] *Mad Men,* serie televisiva creada por Matthew Weiner, producida por Lionsgate y emitida en AMC. Cada episodio va alternando director. La trama sucede en Nueva York, en los años sesenta, alrededor de una agencia de publicidad de Madison Avenue (de ahí Mad Men). Ha ganado el Globo de Oro consecutivamente y varios Emmy.

[11] "Amor sin escalas" es una película estadounidense del 2009, dirigida por Jason Reitman. Actúan George Clooney, Vera Farmiga y Anna Kendrick.

 *Pregúntale a Natalia:* tips de viaje

- ❋ Para empezar, viaja ligero, no lleves más de lo necesario. No existe peor cosa que andar por los aeropuertos arrastrando kilos y kilos, y traer las manos ocupadas. Al llevar algo más que el bolso o el portafolio, es más fácil llevar una maleta pequeña con ruedas para meter desde la laptop hasta el suéter, y poder jalarla sin dificultad por todos los pasillos. *Es mejor arrastrar que cargar.*
- ❋ Revisa las especificaciones del peso, tamaño y número de maletas permitidas por la aerolínea. Trata de pesar tu maleta antes de llegar al aeropuerto para asegurarte de no rebasar los 23 kilos porque es muy incómodo tener que abrirla en el mostrador y tener que sacar tus cosas enfrente de todo el mundo. En las tiendas departamentales, en la sección de maletas, venden unas básculas de bolsillo especiales para pesar el equipaje. Vale la pena comprarla y también llevarla al viaje para pesar nuevamente la maleta de regreso.
- ❋ Para una maleta perfectamente organizada hay unas bolsas de plástico o de tela rectangulares con *zipper*. Se consiguen en distintos colores y tamaños, son geniales porque la ropa no se arruga y se lleva bien ordenada, sobre todo las camisas de vestir, la ropa delicada y los brassieres, que suelen llegar al destino aplastados por completo.
- ❋ En el equipaje de mano no puedes exceder los líquidos y geles permitidos: máximo seis contenedores de 100 ml dentro de una bolsita que mostrarás al pasar por los rayos X.

❁ Llevar bien organizados y a la mano los pasaportes, visas, boletos, formas migratorias y pluma para llenar los documentos de aduanas.

❁ Escanear todos los documentos y llevarlos en un respaldo electrónico o en el *mail* para poder reponerlos fácilmente en caso de robo o pérdida.

❁ Vestir ropa cómoda y práctica para pasar los puntos de seguridad, para lograrlo no es necesario ir en pijama. Te piden que te quites todos los metales, collares, cinturones, reloj, zapatos, etc. Fíjate que los calcetines no tengan agujeros.

❁ Hablando de calcetines: si te vas a quitar los zapatos en el avión, por favor **nunca** lo hagas si no traes los calcetines puestos. No camines por todo el avión sin los zapatos, no quieres ni imaginarte el tipo de bacterias, flora y fauna, que habita en las alfombras y linóleum de las aeronaves.

❁ Si te mareas en los aviones, trata de traer siempre abierto el aire desde el momento en que ocupes tu asiento y recuerda que en la parte de adelante suele sentirse menos el movimiento. (Reserva tus asientos antes del vuelo). Para no marearte es preferible tener algo en el estómago. Cómete unas galletitas saladas cuando menos, por eso luego dan cacahuates o pretzels. Si de plano no puedes con el mareo, tómate una pastilla o usa una pulsera de acupresión. Se recomiendan en los barcos pero funcionan también en el aire.

❁ Por favor, respeta el espacio que te corresponde tanto en descansabrazos como en el compartimento de arriba. No se vale invadir el de los otros pasajeros. Aprovecha también el espacio debajo del asiento frente al tuyo.

❁ Si vas a ver una película en tu computadora o en tu *ipad*, *itouch* o cualquier tipo de aparato electrónico, ponte audífonos y mide el volumen. Considera a los pasajeros de al lado y cuida la clasificación.Tu vecina de asiento que viaja con sus hijos pequeños te lo va a agradecer y la que va con su marido y su hijo adolescente, todavía más.

- Aunque las bebidas alcohólicas estén incluidas en tu boleto, los aviones no son barra libre ni son el lugar para embriagarse. Es preferible tomar mucha agua para no deshidratarse pero, si decides consumir alcohol, hazlo con moderación.
- Las aeromozas están ahí para que tu viaje sea más cómodo, seguro y placentero, pero no son ni meseras ni sirvientas. Hay que tratarlas con respeto.

Deja listas tus maletas desde el día anterior
para no andar a las carreras el mero día
porque seguro se te olvida algo.
Si vas a pedir un taxi, déjalo apartado
desde la noche anterior.
Llega a tiempo al aeropuerto para documentar
con calma y evitar contratiempos.
Si se te presentan contratiempos, tómalo con filosofía
y no te agobies. Nada es tan grave,
mejor sácale jugo a lo bueno.

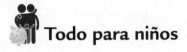 # Todo para niños

¿Cómo enseñarles el justo valor del dinero?

Como padres de familia tenemos la obligación de enseñar a nuestros hijos el valor de los recursos económicos y materiales. Es importante que aprendan que ganarse el dinero cuesta trabajo, implica esfuerzo y responsabilidad, y por eso debemos cuidarlo.

Los niños tienen que aprender a ganarse el dinero, a administrarlo, a gastarlo de manera responsable, a ahorrar y también a compartirlo. Es una manera más de inculcarles la responsabilidad social.

Una forma fácil para irles enseñando a administrar el dinero es dándoles una cantidad simbólica semanal o mensual ("domingo" o "mesada"). Para que lo ganen podemos asignarles tareas fijas como pasaer al perro o darle de comer a las tortugas todas las noches y, si no cumplen con esas responsabilidades, no reciben su "domingo".

Adicionalmente, podrían ganar dinero extra si lavan el coche, acomodan la despensa o bañan al perro el fin de semana.

Para que aprendan a administrarlo sugiero darles tres contenedores para que separen su ingreso (pueden ser tres frascos de vidrio, por ejemplo, les hacemos una ranura en la tapa o, para hacer el aprendizaje más significativo, podemos hacer o decorar con ellos tres alcancías distintas).

1. La primera alcancía es para ahorrar.
2. La segunda para gastar
3. La tercera para ayudar.

Este rubro es importante porque no es lo mismo dar caridad en la calle que hacerse responsable de apoyar, periódicamente, a una institución seria de asistencia social. La segunda opción siempre será más provechosa a largo plazo.

Podemos empezar con tres, cinco o diez pesos a la semana, depende de la edad del niño. Conforme va creciendo, aumentamos la cantidad.

Es muy importante permitirles que el dinero "para gastar" lo usen como quieran. Al principio van a comprar puros dulces y porquería y media pero, poco a poco, aprenderán a irlo juntando para comprarse algo más especial (al cabo de un tiempo, quizá ellos pueden poner una parte para su *ipod* o la guitarra eléctrica que quieren).

El dinero "para ahorrar" **no** se debe tocar. La idea es que el niño vea que si se "aguanta" y no se lo gasta, eventualmente, de peso en peso, se va a ir acumulando y entonces podrá ir al banco a abrir su cuenta.

El dinero para donar puede entregarse cada seis meses o cada año a la institución que ellos elijan. Pueden darlo en efectivo o acompañarlos a comprar despensa, cobijas o juguetes. Eso los irá haciendo conscientes de cuánto sirve cada granito de ayuda que puedan dar y también los hará valorar más lo privilegiados que son. También van a aprender a sentirse satisfechos por compartir lo suyo con alguien que lo necesita y van a valorar más su propio esfuerzo para ganarse cada moneda.

Pero ¡cuidado!, no le demos al dinero más importancia de la que tiene. Los niños tienen ciertas responsabilidades que les son propias y no pueden "monetizarse" como forma de intercambio. Por ejemplo: la tarea es su obligación. Si quieren ganar dinero que laven el coche, que vendan limonada, que hagan dibujos o tarjetas para vender, etc. Que aprendan que el dinero se lo deben ganar con esfuerzo y creatividad.

También debemos enseñarles que el valor del dinero está en que es un medio para hacer otras cosas, no un fin en sí mismo. Por más trillada que suene esta frase, no olvidemos que: *"los seres humanos valemos por lo que somos, no por lo que tenemos"*.

CAPÍTULO 2

EL TIEMPO

¿CÓMO ADMINISTRAR EL TIEMPO PERSONAL?

Perder el tiempo es como tirar el dinero a la basura. Si, ninguno de nosotros se imagina tirando billetes y monedas al basurero —acabo de caer en cuenta que eso me decían de chiquita cuando desperdiciaba la comida— ¿por qué generamos tanto "tiempo perdido"?

Creo que el tiempo perdido, ese que transcurre sin hacer nada de provecho, nos aleja de una vida más plena. Es muy simple, al no hacer nada, nos estamos privando de muchas posibilidades. En cambio, un manejo planeado de nuestro tiempo, se traduce, sin duda, en un beneficio que se proyecta a todos los niveles de nuestra vida diaria, incluyendo, ¡por supuesto!, nuestros bolsillos.

Cuando planeamos nuestro tiempo, es decir que lo administramos con una intención y lo enfocamos a un proyecto, nos volvemos más eficaces, lo que se traduce en una mayor productividad tanto en lo profesional como en lo personal.

Casi no nos damos cuenta, pero todo el tiempo estamos haciendo planes porque anticipamos nuestras actividades a corto, mediano y largo plazo, desde lo más inmediato como tomar una siesta de quince minutos para recargar las baterías, hasta los proyectos de mediano plazo como llevar el coche al taller antes de hacer un viaje.

Entonces, de que tenemos planes los tenemos, pero si organizamos todos los "pendientes" y propósitos por orden de prioridad, nuestra mente estará mucho más despejada para cumplir compromisos y metas.

Está comprobado que algo tan sencillo como escribir una lista de pendientes puede desestresarnos porque en ese instante liberamos a nuestro sobre explotado cerebro de la responsabilidad de recordar eso que ahora está en un papel y entonces se puede enfocar en lo que tiene que hacer. Nada más un detalle, no basta con hacer listas de todo ni vivir rodeado de la gama de *post its* para lograr poner en práctica todo aquello que apuntamos.

Sin duda, anotar las tareas pendientes es el primer paso para sacarnos el ruido de la cabeza y tener más claridad de lo que tenemos que hacer. Luego tenemos que poner fecha y decidir una estrategia para lograr el objetivo. Por ejemplo: si estás triste y necesitas reconciliarte con tu hermano para recuperar tu paz interior, primero escribe lo que le quieres decir. Luego le mandas un *mail* y le dices que lo invitas a tomar un café, te armas de valor y le pides perdón. No esperes a que el problema se haga más grande o a que pasen treinta años sin dirigirse la palabra.

Otro ejemplo: si llevas un tiempo convencido de que mereces un ascenso, sé objetivo y directo, escribe tus argumentos y luego pide una cita con tu jefe. Si tú no lo haces, tal vez tu compañero, el nefasto que no mueve un dedo pero domina el discurso, se te adelante y te gane el puesto.

Vamos a algo más básico pero no por eso menos importante: si tu tanque está casi vacío, más vale que salgas quince minutos más temprano y te pares en la gasolinera a llenarlo. Si no, tardarás mucho más en conseguir que alguien te rescate y seguro llegas tarde al recital de piano de tu hijo.

Si eres muy intrépido y quieres correr el maratón de Nueva York, ojalá tengas un horario, un entrenador y varios meses por delante, además de un plan nutricional y otro de ahorro para pagar tu boleto de avión, gastos de hospedaje y alimentos.

Suena trivial, pero es impresionante lo caro que resulta no planear la vida diaria. Si queremos mejorar la realidad cotidiana y acercarnos a la felicidad no queda más que organizar y planear lo que hacemos con nuestro tiempo, empezando por lo inmediato, por el día a día, y previendo el mediano y largo plazo.

Dicen que: *"Hay más tiempo que vida"*, pero en la vida actual se ajusta más: *"El tiempo es oro"* y, como tal, debemos cuidarlo, ya que es un bien tan escaso que necesitamos aprender a usarlo estratégicamente para hacerlo rendir lo más posible. *Sabia virtud de conocer el tiempo (Renato Leduc 1939).*

Aunque suene a trabalenguas: para ahorrar tiempo, necesitamos dedicarle tiempo a planear nuestro tiempo y, para lograrlo, les doy algunas sugerencias:

Lo más básico pero indispensable es **agendar**. Antes de empezar el día y, si es la noche anterior mucho mejor, revisar la agenda y anotar los pendientes. Es importante escribir las actividades con horario duración y por orden de importancia, tomando en cuenta el tiempo de los traslados.

Confirma las citas un día antes para no dar la vuelta en vano.

Una vez a la semana tomarnos diez o quince minutos para planear los menús de las comidas, de la lonchera y hasta de la cena diaria, nos va a facilitar y agilizar las compras. Podemos comer rico, sano y barato si nos organizamos y cocinamos la comida con anticipación.

Dedicarle un ratito a preparar una buena comida puede ser nuestro mejor aliado para la cartera y la báscula. Parece mentira, pero escribir una lista de lo que se va a necesitar para cocinar en la semana y llevarla al supermercado, nos puede ahorrar, además de tiempo, mucho dinero.

Es ideal domiciliar los pagos de servicios y cuanto sea posible a la tarjeta de crédito y aprovechar los beneficios de usar el banco en línea. Pedir lo que vamos a necesitar por teléfono o Internet y contratar una tintorería con servicio a domicilio, puede ahorrar mucho tiempo y dinero en los trayectos, el transporte, las filas y los recargos por no pagar a tiempo.

Ejerce el *multitasking*[1], sólo es cuestión de práctica. Yo aprovecho para revisar correos y *twittear* mientras hago bicicleta fija, siempre llevo un libro para no perder el tiempo mientras espero a alguien y aprovecho el "manos libres" para sacar las llamadas pendientes mientras padezco el tránsito de la ciudad de México.

Aprende a **delegar tanto en casa como en el trabajo.** ¿Por qué creemos que tenemos que hacer todo nosotros solos? Para quienes tienen hijos en casa, es increíble la cantidad de actividades que podemos asignarles a los niños, desde guardar sus juguetes, cambiar un rollo de papel de baño o poner la mesa, hasta lavar los platos y sacar la basura o alimentar al perro. Si organizas una cena y te ofrecen traer el postre, acepta, no pasa nada.

En el trabajo apóyate en los colegas cuando venga al caso, y, cuando sea el momento, retribuye toda esa ayuda que recibiste.

Divide y vencerás. Se trata de dividir las chambas grandes en partes pequeñas. Difícilmente tendremos todo un día disponible para vaciar la bodega de la casa o depurar todos los correos electrónicos de un jalón, pero si lo puedes lograr si vas poco a poco, dedicándoles una o dos horas cada vez.

---

[1] Realizar varias tareas.

Flexibilidad. No vale la pena terminar con el hígado hecho paté porque las cosas no salieron como las planeaste. Es mejor adaptarse a lo que sí se puede hacer y reagendar lo que no.

Deberíamos **eliminar** de nuestra vida todas las actividades que drenen nuestra energía y nuestro tiempo: tener objetos que no usamos sólo nos llena de tiradero, dejar proyectos a la mitad es muy frustrante; perder el tiempo en gente que nos hace daño no tiene sentido.

Y ahora, todo el tiempo ganado hay que dedicarlo a **estar mejor.** Que no se nos vaya la vida limpiando, acomodando, haciendo listas y queriendo tener todo perfectamente planeado. Se trata de aprovechar el tiempo para hacer cosas que nos hagan sentir más vivos. Para mí, leer en mi cama mientras tomo el café los domingos es un placer, por esto trato de generarme ese tiempo valiosísimo que me hace tan feliz.

Si aumentamos nuestro bienestar, mejoramos nuestra salud y nos sentimos mejor. Tomarnos menos en serio y reírnos más es otra buena manera de invertir el tiempo porque en el fondo, en este universo, no controlamos casi nada y, en el día a día, hay cosas de las que no podemos salvarnos y otras que ni dependen de nosotros.

Lo que sí depende de nosotros es:

· Saber lo que tenemos que hacer.
· Planear cómo lo vamos a conseguir.
· Esforzarnos para conseguirlo.

Si organizamos nuestra vida diaria, ganamos tiempo. De paso ahorramos dinero y nos volvemos más libres para disfrutar lo que a cada uno nos parezca realmente importante. Darle significado a nuestras horas es una tarea y una responsabilidad personal.

¿Cómo recuperar tiempo de calidad con la pareja?

Darnos tiempo para estar juntos en pareja es fundamental e indispensable si queremos mantenernos conectados y también es una forma más de ser feliz.

Quienes vivimos en pareja, sabemos que vivir juntos ya es de por sí complicado y que dedicarnos tiempo, entre el acelere y la rutina, es casi imposible, y, si aparte le agregamos el factor hijos, muchas veces, *chao* pareja.

¿Qué hacemos en la vida real para recuperar tiempo de calidad con nuestra pareja? Aumentarle horas al día es imposible, entonces no queda más remedio que organizarnos para sacarle el mayor provecho.

Lo importante es darse permiso de darse tiempo. Tenemos que hacer un hueco en la agenda y también sacudirnos la culpa. ¿Que cuál culpa? Hay varios tipos.

Empecemos por el caso de quienes tenemos hijos. Cuando ambos padres trabajan la preocupación común es que, como el tiempo es un bien tan escaso, pasarlo en pareja le resta tiempo a los hijos y deciden sacrificar "el tiempo de pareja" para estar más con ellos. Te tengo una buena noticia: sacúdete la culpa, si la pareja está bien los hijos también lo estarán.

Otra cara de la culpa, ser *workoholic*[2] y sentir que se tiene que estar todo el día hablando del trabajo, como si impedir el fin del mundo dependiera sólo de nosotros o como si toda la vida girara alrededor de nuestro oficio y nuestros colegas. Si hacemos bien el trabajo no necesitamos cargarlo a cuestas las 24 horas del día.

En cualquier caso, pasar minutos y horas con la pareja no basta para compartir tiempo de calidad, tenemos (ambos) que

---

[2] Adicto al trabajo.

generar un ambiente que nos ayude a desconectarnos de la rutina tanto física como mentalmente.

Salir en plan de cita romántica es una gran opción para el desconecte. Hay que apartar el día, el horario y el lugar, y luego nos sacudimos el agotamiento. El factor sorpresa es de gran ayuda si no podemos movernos geográficamente. Innovar y ser creativos es la clave, tener una cita no significa, necesariamente, cenar en un restaurante ni tener que gastar mucho dinero en una aventura.

Cuando digo "ser creativos" se me ocurre que hay muchas formas de sorprender a la pareja sin tener que desembolsar un dineral ni armar una súper producción. Convertir la azotea en el destino romántico puede ser un *hit* y, si al factor sorpresa le agregamos compartir un reto juntos, mejor. —No me acuerdo donde leí que cuando las parejas se enfrentan a un reto, el hecho de resolverlo les genera una sensación de satisfacción común que los une aún más—. Esto aplica a los retos mismos a que nos va enfrentando la vida, pero también podemos meter ese ingrediente.

Por ejemplo: si a los dos les gusta cocinar, tal vez el plan o la cita puede ser desde ir a comprar todo a un mercado hasta ponerse a preparar un platillo nuevo y luego disfrutarlo. Puede haber mucho placer alrededor de la comida. Lo que menos les va a importar es si les dan una *Estrella Michelin*[3] por su gran menú. El tema es divertirse juntos.

Otro reto que se me ocurre es entrenar juntos para una carrera. No tienen que correr un maratón, pero está comprobado

---

[3] La **Guía Michelin** es el nombre genérico de una serie de guías turísticas publicadas anualmente por *Éditions du Voyage* y sus filiales en otros territorios para más de una docena de países diferentes. Más concretamente, la expresión designa a la **Guía roja de Michelin,** que es la más antigua y famosa de las guías europeas de hoteles y restaurantes. Entre su diversa simbología asigna de una a tres estrellas de la buena mesa a los establecimientos que destacan en calidad, creatividad y esmero de sus platos.

que hacer ejercicio libera endorfinas y eso reaviva el apetito se-
xual, qué mejor y más seguro que hacer ejercicio juntos.

Los que son papás seguro están pensando: *"Ajá, sí, ¿y a qué
hora hacemos todo eso? ¿Y los niños?"* Planeación, organización y
S.O.S. Deleguen, pidan ayuda, háblenle a la mamá, a la suegra,
a la cuñada o a los amigos. Si no les da tiempo de prepararse
una cena, al menos váyanse por ahí un par de horas y que alguien les ayude a cuidar a sus hijos.

Si el reto está en encontrar cinco minutos para estar juntos
todos los días, metan ese "tiempo juntos" en la rutina diaria. De
pronto, prepararse unas quesadillas o platicar mientras lavan los
platos puede ser el momento ideal para conversar a gusto, más
allá del típico: *"¿Cómo te fue hoy?" "Bien ¿y a ti?" "Bien, ¿qué hiciste?"
"Nada, ¿tú?" "Nada"...* Sin duda, es el reflejo del pequeño infierno
doméstico al que podemos sucumbir sin darnos cuenta.

Ya que tenemos nuestra cita, así se trate de un gran plan o
sean cinco minutos de desconecte, hay que sacar el ruido de
fondo, es decir, guardar celulares, desconectarse del trabajo y
las redes sociales para que su tiempo sólo sea de dos, estando
presente con el otro y con todos los sentidos.

Las *blackberrys, iphones, messengers, twitters* y *facebooks* terminan,
muchas veces, por acercarnos a quienes no están y alejarnos de
quienes sí tenemos a un lado. Tocarse más hace que uno quiera
más. Si de plano es la hora de la serie favorita hagan su día de
campo en la alfombra y acomódense rico. Un masajito de pies
o hacerse piojito no le hace daño a nadie.

Sean espontáneos. Está muy bien que nos organicemos para
estar en pareja, pero tampoco hay que agobiarse ni planear demasiado. Tener expectativas rígidas no nos va a ayudar y no
debemos tomarnos tan en serio.

Únicamente hay que estar de acuerdo para pasar un buen
momento juntos. Dicen por ahí que el mejor afrodisiaco es reír-

se. Yo así lo creo, ¿se acuerdan de Jessica Rabbit?[4] Ella sólo estaba con Roger porque la hacía reír.

Pregúntale a Natalia:
para organizarse mejor con los niños

❋ Es horrible despertar con prisa y tener que hacer todo al aventón en el último minuto antes de salir de casa. Existen muchos trucos para facilitarnos la vida y ganar tiempo, especialmente cuando unos minutos pueden hacer la diferencia entre lograrlo o que te cierren la puerta de la escuela de tus hijos.

❋ Deja todo listo la noche anterior.

❋ Acostumbra a tus hijos a dejar lista su ropa del día siguiente: suéter o chamarra y los zapatos que van a usar. Eso te evitará muchos pleitos por la mañana. También es buena idea que saques tu ropa si te toca salir de casa temprano.

❋ Asegúrate de tener limpia la lonchera y adelanta la preparación de lo que les vas a mandar. La noche anterior "pre—prepara" los ingredientes. Por ejemplo: pelar o picar algunas verduras. El agua de limón y el sándwich se tienen que hacer al momento, pero puedes dejar el pepino pelado y picado desde la noche y, en la mañana, nada más ponerle limón y sal.

❋ Deja puesta la mesa y piensa en opciones de desayuno para que no sea siempre lo mismo. Si tienes quien te

---

[4] "¿Quién engañó a Roger Rabbit?", es una película animada estadounidense de 1988, dirigida por Robert Zemeckis y Richard Williams. Jessica Rabbit es la protagonista femenina.

asista en la cocina, acuerden desde la noche lo que se va a preparar al día siguiente. Si te toca cocinar al llegar, trata de adelantar la preparación el fin de semana o la noche anterior para, simplemente, recalentar y servir.

✤ Si vas a algún club o a alguna clase por la tarde, es bueno preparar la maleta (ten una lista para no olvidar nada) desde la noche anterior, junto los documentos para tu junta y la ropa que te urge llevar a la tintorería antes de irte a la oficina.

Nueve meses para organizar la llegada del bebé

¿Vas a ser mamá o papá? Es hora de empezar a hacer una reserva de pañales... Lo digo en serio.

Te pido que leas este artículo que recibí por correo electrónico. Si al terminar no te has caído de la silla, entonces sí estás listo para ser padre o madre.

Programa de once pasos para los que piensan tener hijos[1]

Lección 1

Ve al supermercado y asegúrate que tu salario sea pagado directamente al corporativo del mismo.

Vete a tu casa, toma el periódico y léelo por última vez.

Lección 2

Antes de decidir finalmente tener hijos, busca una pareja que ya tenga hijos y repréndela por sus métodos para disciplinar, falta de paciencia y niveles de tolerancia terriblemente bajos. Por permitir que sus hijos corran por todas partes a deshoras.

Sugiérele métodos para mejorar la manera de amamantar a su bebé, sus hábitos para dormir, su entrenamiento para que el niño vaya solo al baño, diles cuáles deben ser los modales en la mesa y su comportamiento en general.

¡Disfrútalo!, porque será la última vez en tu vida que tendrás todas las respuestas.

Lección 3

Una buena manera para descubrir cómo te sentirás por las noches...

Llega a tu casa después del trabajo y comienza inmediatamente a caminar alrededor de la sala desde las cinco de la tarde hasta las diez de la noche, cargando una bolsa mojada que pese aproximadamente 3.5 a 5.5 kilogramos, con una radio con sonido de estática o algún otro sonido desagradable a todo volumen.

A las diez de la noche coloca la bolsa suavemente sobre el sofá, programa la alarma para que suene a las doce y vete a dormir. Levántate a las doce de la noche y, de nuevo, camina alrededor de la sala, cargando la bolsa, hasta la una de la mañana. Programa la alarma para que suene a las tres de la mañana. Puesto que no puedes volverte a dormir, levántate a las dos, prepárate una bebida y ve un infomercial[5]. *Regresa a la cama a las dos cuarenta y cinco y levántate, otra vez, a las tres, cuando la alarma suene. Canta canciones muy quedito, en la oscuridad, hasta las cuatro.*

Levántate a las seis de la mañana y prepara el desayuno. Arréglate para ir a trabajar y trabaja con energía.

Repite todas las noches estos pasos, y continúa haciéndolo durante los siguientes cinco años.

Aparenta estar alegre y equilibrado.

Lección 4

¿Puedes soportar el desorden que ocasionan los niños? Para averiguarlo...

Embarra mantequilla de cacahuate en el sofá y mermelada en las cortinas. Esconde una pieza de pollo crudo detrás del estéreo y déjela ahí durante todo el verano. Entierra tus dedos en el macizo de flores, luego restriégalos sobre las paredes limpias.

Derrama leche sobre tus cojines nuevos, cubre las manchas con crayolas, ¿qué tal se ven?

Toma tu libro o álbum con tus fotografías favoritas y ¡destrúyelo!

Lección 5

Vestir a niños pequeños no es tan fácil como parece.

Compra un pulpo y una bolsa pequeña hecha con un tejido flojo. Trata de meter al pulpo dentro de la bolsa de manera que ninguno de sus brazos quede afuera. Tiempo permitido: toda la mañana.

---

[5] Comerciales que venden productos a domicilio.

Lección 6

Olvídate del BMW y compra una mini—van. No creas que vas a poder dejarla brillante y sin una sola mancha. Los coches familiares no se ven así.

Compra un barquillo con helado de chocolate y colócalo en la guantera. Déjalo ahí unos tres meses.

Toma una moneda de cincuenta centavos e introdúcela en el reproductor de CD.

Toma un paquete tamaño familiar de galletas de chocolate. Hazlas papilla en el asiento trasero. Espolvorea botana por todo el piso y aplástala a propósito con un pie.

Arrastra un rastrillo para jardín a lo largo de ambos lados del coche.

Lección 7

Ve al supermercado más cercano a tu domicilio. Lleva contigo la cosa más parecida a un niño en edad preescolar que puedas encontrar (una cabra adulto es una excelente elección). Si planeas tener más de un hijo, entonces, definitivamente, debes llevar más de una cabra.

Compra lo necesario para una semana conservando siempre a las cabras al alcance de tu vista. Paga todo lo que la cabra ha comido o destruido. Hasta que puedas hacer esto con facilidad, no pienses, siquiera, en tener hijos.

Lección 8

Vacía un melón. Haz un hoyo pequeño en uno de sus lados.

Suspéndelo del techo y colúmpialo de un lado a otro. Ahora, toma un tazón lleno de botana empapada e intenta introducir una cucharada en el melón que se balancea, mientras simulas ser un avión.

Continúa hasta acabar con la mitad de la botana. Vacía la mitad sobre tu regazo, la otra mitad lánzala al aire. Estarás listo para dar de comer a un bebé de nueve meses.

Lección 9

Apréndete los nombres de todos los personajes de Barney, Plaza Sésamo, Disney, los Teletubbies y Pokemon. Ve únicamente PBS, el canal de Disney o Noggin en la televisión durante por lo menos cinco años, ya sé, estás pensando ¿qué es Noggin? Ese es exactamente mi punto.

Lección 10

Haz una grabación de Fran Drescher[6] en la que dice "mami" repetidamente. **Nota:** no debe haber un intervalo de más de cuatro segundos entre cada "mami"; se requiere de un **crescendo** ocasional hasta alcanzar el nivel de un jet supersónico. Toca esta cinta en tu coche a dondequiera que vayas durante los próximos cuatro años. Ahora estás listo para hacer un largo viaje con un niño pequeño.

Lección 11

Comienza a conversar con algún adulto. Haz que alguien esté tirando continuamente de tu falda, la manga de tu blusa o tu codo, mientras tocas la cinta de "mami" que preparaste en la lección 10. Ahora estás listo para sostener una conversación con un adulto aun cuando un niño se encuentre en la habitación...

_____

[6] Protagonista de la serie *The Nanny*, que tenía una voz extremadamente nasal.

Cuando un bebé viene en camino todo se pone de cabeza y gira en torno a él, aun cuando su "aterrizaje" formal no se ha producido. Hay que aprovechar cada minuto antes del nacimiento para organizarse un poco porque después ya no se puede planear nada. Si logras desayunar antes de las doce del día y darte un ducha antes de las seis de la tarde, ya puedes decir que tuviste un día muy productivo.

Hay muchas cosas por hacer, desde los chequeos mensuales con el ginecólogo, y la ingesta de ácido fólico —con los malabares subsecuentes para curarse del estreñimiento— hasta decidir el color del cuarto del bebé y escribir una lista de regalos en alguna tienda departamental.

—Antes de mi primer parto, me dieron una lista de lo que necesitaba comprar. Luego, yo le hice algunos cambios y así, de mano en mano y con tachones y añadiduras, siguió circulando entre las futuras mamás... Todavía no he logrado recuperar esa lista pero aquí me aventuro a hacer una nueva, entre la memoria y los buenos consejos de las mamás más nuevas que me han pasado sus tips.

Te propongo una lista para empezar. Vale la pena comprar algunas cosas de buena calidad que aguanten al menos dos hijos, porque no siempre se reciben tantos regalos con el segundo bebé... Es más, a veces ni tiempo ni ganas dan de tener *baby shower* con el segundo y dicen que, con el tercero, menos.

También sugiero elegir todos los básicos en color neutro, porque nadie quiere usar la carriola de mariposas rosas de la primera hija con el segundo, que es niño.

Además, hay que pensar muy bien qué vale la pena comprar y qué se puede recibir de regalo. Pide ayuda y sugiere: si por ejemplo tu suegra es muy generosa, ella puede regalar la bañera y quizá, entre las amigas se juntan para comprar una buena carriola.

*Ten todo listo al menos un mes antes de la fecha esperada
por si el bebé se adelanta.*

Pregúntale a Natalia: ¿qué comprar?

- Pañalera (abajo pongo una lista de lo que sugiero traer en ella).
- Moisés, es absolutamente innecesario pero me parece parte del encanto de tener un bebé (son como el vestido de la novia). Si no quieres uno, puedes utilizar un bambineto durante los primeros meses que dormirá en tu cuarto y luego seguirlo usando para acomodarlo a gusto en todas partes.
- Para salir del hospital y cada vez que subas al bebé a un coche, debe ir en su silla especial y perfectamente "bien amarrado".
- Cuna, hay unas muy prácticas que van creciendo junto con los hijos, escoge una que sea segura.
- Colchón para cuna. Suelen ser de plástico, o sea que pon un cubrecolchón de tela debajo de la sábana para que el bebé no sude como si estuviera en un sauna.
- Sábanas y juego de cuna (el edredón y el molletón para cubrir y amortiguar los barrotes), mejor lo eliges tú porque lo vas a ver diario y, si no te gusta, cada vez que entres al cuarto de tu bebé te va a doler el estómago.
- Móvil para la cuna, son mejores los de colores brillantes para que en verdad cumpla su función.
- Cobijitas, unas delgadas y otras más gruesas para los distintos climas.
- Bambineto, aunque nunca tuve uno con mi primer bebé, que se crío, literalmente, entre mis brazos, sí lo usé mucho con el segundo.

- ❅ Sábanas de bambineto (al menos dos juegos).
- ❅ Cuna plegable portátil, sirve para ir a otras casas o para salir de vacaciones, y también como corralito cuando son más grandes.
- ❅ Mecedora. Pocas cosas encuentro tan simbióticas como arrullar y amamantar a tu hijo y, hacerlo cómodamente, es un placer necesario. Tú decides si la pones en tu cuarto o en el del bebé, donde la uses más y, si de plano no quieres gastar en ella, asegúrate de tener un sillón muy cómodo.
- ❅ Cojín para amamantar, es en forma de herradura y te ayuda a sostener al bebé, son muy prácticos, aunque también puedes usar una almohada.
- ❅ Sacaleche manual o eléctrico para lactancia. La primera vez que lo uses te vas a sentir muy incómoda y humillada, como vaca de ordeña, pero una vez superado ese trauma vas a agradecer poder agilizar el procedimiento.
- ❅ Juego de biberones, esterilizador y chupones de una misma marca para que todo sea compatible.
- ❅ Cambiador y colchón para cambiador. ¡Ojo!: con la seguridad aquí. Yo mandé hacer un mueble con dos repisas abajo donde acomodé unas canastas muy lindas forradas con la misma tela que las cortinas para guardar la ropa, los pañales y las cobijitas. Lo importante es que le atornillaron el colchón para evitar accidentes. Luego le quité el colchón y ahora seguimos usándolo como librero y juguetero, con las mismas canastas.
- ❅ Periquera, que no es más que la sillita para comer.
- ❅ Carriola, si la vas a usar mucho invierte en una buena: que no pese, se doble con una mano y no estorbe... que sea muy cómoda y se recline bien para que el bebé duerma a gusto.

❀ Todos los aditamentos para la carriola, **funda** para la lluvia, juguetitos...

❀ Sillita para el coche. Primero, el huevito, tiene sus propias fundas para taparlos, luego la silla normal y, por último, el booster seat[7].

❀ Monitor, es **indispensable**, con o sin tele. Uno muy sencillo le salvó la vida a mi hija una vez que empezó a vomitar, sin el monitor no la hubiera escuchado a tiempo.

❀ Bañera, puede ser de las tinitas del mercado o de las sofisticadas de tijera con tapa y cambiador. Todo depende si tienes lugar para ponerla. (Caben perfecto en una regadera, pero sólo es recomendable si nadie más se ducha ahí).

❀ Productos para el baño, desde champú hasta el cortauñas, crema, jabón hipoalergénico, pomada, termómetro y pera saca mocos —a mí no me tocaron los de manguerita que funcionan como popote, pero dicen que son my buenos.

❀ Toallas de baño.

❀ Andadera fija, de las que son una estación de juegos donde sólo la silla da vueltas.

❀ Silla o columpio para que el bebé se entretenga un rato enfrente de ti mientras tú haces otra actividad. **Nunca** dejes a tu hijo solo o desatendido, nada puede ser más importante que su seguridad.

❀ Para organizar la ropita del bebé, si no tienes espacio en el clóset, puedes hacer unas canastas y forrarlas de tela o comprar unas cajoneras bonitas que luego te servirán para los juguetes.

---

[7] Se puede traducir como silla especial para coche que funciona como taburete para niños a partir de doce y hasta veinticinco kilos de peso.

❀ Una mesita para poner una jarra con agua y una lámpara con un foco de baja intensidad para no tener que amamantar o cambiar al bebé a ciegas.

❀ Una repisa o librero para juguetes y libros.

❀ Bote de basura, hay unos que son como robots exterminadores pero, personalmente, me parecen un exceso. Con un rollo de bolsas de plástico biodegradables basta.

❀ Ropa

Vas a querer comprar todo, pero mejor controla tus impulsos porque te van a regalar un "montón" y los bebés crecen tan rápido que no les da tiempo de usar todo. Sólo compra lo que verdaderamente te enloquezca.

· Lo que sí te recomiendo son las camisetitas cruzadas con botones que venden en cualquier supermercado grande. Entre menos ropa le pases por la cabeza, mejor.

· No esperes las ocasiones especiales para ponerle la ropa más linda, de verdad la dejan muy rápido.

· Consigue unas "receiving blankets". Son una mezcla entre sábana y cobijita cuadradas, de algodón muy suave y calientito, como de franela ligera y no ocupan espacio. Las vas a usar muchísimo y son perfectas para taparlos, cubrirles el sol o acostarlos en el pasto. Yo hacía "taco" a mis hijos con ellas, como me enseñaron las enfermeras en el hospital.

❀ Pañalera

· Te sugiero que siempre cargues con dos mudas completas.

· Una cobijita o receiving blanket.

- Un trapito o manta de cielo para proteger tu hombro cuando el bebé repita.
- Dos baberos.
- Un gorrito si hace frío o un sombrerito o gorra para protegerlo del sol.
- Si hace frío, guantes y chamarra.
- Pañales.
- Toallas húmedas.
- Bolsitas de plástico.
- Pomada, te recomiendo una ligera para los cambios normales de pañal y otra con zinc para las rozaduras.
- Colchoncito cambiador, suele venir con la pañalera.
- Crema y bloqueador solar para la cara del bebé.
- La comida, fórmula, galletitas o cereales que le vayas a dar y siempre calcula de más por si acaso. Agua embotellada y jugo si ya toma.
- Dos chupones, si es que los usa.
- Juguetes para el bebé.
- Un libro para ti, si vas al parque y se queda dormido en la carriola, vas a disfrutar ese ratito.
- Mordedera si ya está dentando.
- Las medicinas que esté tomando, pero cuidado con no dejarlas mucho tiempo en la pañalera porque se pueden echar a perder con el calor.
- Tus lentes de sol, agua para ti, una cámara para ir registrando todas las maravillas que el bebé hace, aunque seguramente ya usas el teléfono para sacarlas.

¿Cómo sobrevivir —contra reloj— a la logística de la paternidad/ maternidad?

No nos hagamos bolas, ser padre o madre requiere un esfuerzo titánico y una buena dosis de poderes sobrenaturales —mi padre siempre decía que cuando los hijos son pequeñitos, te los quieres comer y, cuando son grandes, te arrepientes de no haberlo hecho.

Algunos tenemos la dicha de tener una paternidad/maternidad muy fácil, somos privilegiados, ya que nuestros hijos están sanos y tenemos los recursos emocionales, mentales y económicos para sacarlos adelante sin echarlos tanto a perder pero, es un hecho, que ser padre es todo un reto.

Ahora bien, a pesar de todo lo complicado que resulta, también es un hecho que tener hijos es un gran regalo. —Yo pienso que la mayoría de quienes somos padres no nos dimos cuenta, hasta que nacen, de que no teníamos ni la menor idea de lo que se trataba, pero, al menos, a partir de ese día, hacemos un intento por dejarles, como mínimo, un legado básico de supervivencia con las herramientas más indispensables.

Por lo general, la paso muy bien con mis hijos, siento que no me "perdí" de nada de ninguno de los dos porque tuve el privilegio de la elección y decidí y pude "estar ahí". Tengo la suerte de estar muy presente y pasar mucho tiempo con ellos, me encanta. Con mucho orgullo puedo decir que los amamanté, los bañé, les hice sus papillas, los llevé al parque, al pediatra, a las fiestas, vi todos los videos de *baby Einstein*[8].

---

[8] Originalmente era una serie de videos caseros de estimulación temprana con música de Mozart de muy buena calidad. Luego la compañía Disney compró los derechos y los lanzaron mundialmente con un éxito rotundo y desarrollaron juguetes, libros y tarjetas alrededor de los personajes.

Con ellos pasé muchas horas tirada en el suelo armando bloques de madera y apilando cubos, jugando a la masita y llenándolos de besos. Quizá ese fue el mayor beneficio de haber sido mamá tan joven y tener una pila que siempre se recargó en automático.

Nunca le delegué el cuidado de mis hijos a nadie más, aunque reconozco y agradezco todo el apoyo logístico que siempre he tenido. Pero, poco a poco, han ido creciendo y ya no pasamos tanto tiempo juntos. Ambos están toda la mañana en el colegio y yo tengo miles de cosas que hacer y luego, en las tardes, entre sus clases, la tarea, el baño y la cena, me doy cuenta que ya no tengo tanta paciencia.

Si a eso le sumamos que ellos muchas veces prefieren ver a Hannah Montana o a la cantante del momento, que sentarse a dibujar en mi estudio mientras yo trabajo, casi no queda "tiempo extra" para compartir.

Por esto trato que el desayuno, la salida del colegio, la hora de la comida y los trayectos en coche sean un tiempo de calidad que realmente les genere una sensación de bienestar general en su vida cotidiana.

No creo que la buena relación con los hijos se construya en las ocasiones excepcionales, más bien, me queda claro, que es un trabajo de todos los días. —Justo en este momento no me dejan sentarme un rato a trabajar y es un verdadero reto lograr que respeten que, más allá de ser su mamá y su esclava, también necesito y merezco tener mi tiempo y mi espacio.

Volviendo al tema, si además, de vez en cuando, podemos salir de la rutina y hacer cosas extraordinarias y planes fuera de lo común, tanto mejor.

La rutina es fundamental para los niños desde que son bebés y, aun en la adolescencia, porque les da seguridad y contención.

Retomo la idea de que la organización es el medio **indispensable** para mejorar nuestra calidad de vida, sólo de esta manera nos quedará tiempo y energía para disfrutar de una mejor relación y convivencia con nuestros hijos.

Por eso me parece muy importante dedicarle un poco de tiempo a organizar las actividades y necesidades cotidianas de los niños.

Vale la pena invertir unos minutos cada día para planear lo que les preparamos de comer a nuestros hijos. Pienso en la frase que dice: *"Eres lo que comes"*, pero también estoy segura que es importante cómo lo haces.

Estoy convencida que sí hace la diferencia que los niños se sienten a la mesa a desayunar en un ambiente pacífico, que coman algo sano y lleno de los nutrientes que necesitan para crecer saludables y fuertes. Está comprobado que existe una correlación entre el desayuno y el rendimiento escolar.

Si además pueden consumir el desayuno en una mesa bien puesta, no pido manteles largos ni almidonados pero sí un mantelito individual, plato y cubiertos, y tener un par de minutos para masticar bien su cereal, pan francés o huevo revuelto, sin la necesidad de atragantarse porque los deja el camión o les cierran la puerta de la escuela, ya ganamos varios puntos en el día.

Es muy fácil dejar la mesa puesta la noche anterior y adelantar lo que se pueda del desayuno y el lunch. Vale la pena dedicarle un poco de esfuerzo y tiempo porque sí les hace la diferencia llevar un buen lunch, rico, variado y bien presentado al colegio. —En buen plan, no podemos pretender que los niños coman siempre el mismo sándwich con la misma agua de limón y el mismo plátano apachurrado y lleno de manchas negras.

—Prepararles un buen lunch es una manera más de transmitirle a mis hijos que los quiero, que me importan y de hacerme un poco presente a la hora del recreo. ¡Lástima que no puedo esconder una camarita en la lonchera porque me encantaría espiarlos y enterarme de sus conversaciones!

Otro tema es el de la ropa, cuando los niños son chiquitos no es problema, pero ¡agárrate! cuando a la nena ya no le gusta la combinación que le sugieres o, peor tantito, cuando a los diez años al cuarto para las siete de la mañana te dice: *"Es que no tengo nada que ponerme"*. Aprendí mi lección muy rápido y como no estoy para pleitos antes del café, la regla es que cada quien elija y deje lista su ropa la noche anterior y, si no lo hacen, a fuerzas se ponen lo primero que mi esposo o yo sacamos del clóset en la mañana.

También es necesario que dejen las mochilas listas, de preferencia con la tarea terminada dentro, en la entrada de la casa para que, aunque salgan corriendo, no tengan que volver por el trabajo de geometría.

Si toman alguna clase extraescolar que requiera algún tipo de atuendo o artefacto adicional, entonces también hay que dejar todo listo con anticipación. Nada de que no pueden tomar la clase de "fut" porque no traen los tacos o la clase de tenis porque no traen raqueta.

En cuanto a las tareas, realmente depende mucho de cada escuela, cada maestro y cada niño. Algunos pobres chiquitos de primaria tienen más tarea que varios grandulones de la carrera de ingeniería pero otros, de plano, no logran sentarse ni cinco minutos a sacar dos sumas.

En cualquier caso, por el bien de todos, lo primero es que los chicos y los grandes entiendan que la tarea es de los niños y para la educación de los niños, pero es importante que a los adultos no se nos olvide que siempre es necesaria un poco de supervisión y, quizá, un empujoncito para que se sienten y la hagan.

A veces no es suficiente con preguntar: *¿Ya hiciste tu tarea?*, y darlo por hecho. —Me caen pésimo las señoras que le hacen las tareas a sus hijos para que se saquen diez y son tan cínicas que creen que nadie se va a dar cuenta y que, además, están "ayudándolos". Que los niños trabajen sentados en la mesa o en el escritorio es importante, no tienen por qué hacer la tarea tirados en la cama viendo caricaturas, necesitan tener su material a la mano y bien cuidado, y dedicarle el tiempo necesario a terminarla antes de realizar cualquier otra actividad. Aunque parezca exagerado, estos pequeños hábitos los van formando para su vida profesional. Cuando sean mayores te lo agradecerán.

 ### *Pregúntale a Natalia:*
¿cómo asignar tiempos a los niños para que ayuden en casa?

De tres a cinco años de edad:
- Recoger sus juguetes.
- Recoger su ropa y llevarla al canasto de la ropa sucia.
- Regar las plantas.
- Enjabonarse, lavarse los dientes y peinarse.

De cinco a siete años de edad:
- Pasar platos sucios al fregadero.
- Vaciar los basureros.
- Alimentar a la mascota.
- Guardar la ropa limpia en su lugar.
- Cambiar el rollo de papel de baño.
- "Tender" su cama.
- Elegir su ropa.
- Bañarse con supervisión.

De siete a diez años:
- Ayudar a guardar la compra del supermercado.
- Arreglar sus cajones.

❖ Poner la mesa.

❖ Doblar su ropa.

❖ Poner las toallas en su lugar.

❖ Lavar trastes.

❖ Ayudar a cocinar.

❖ Sacudir.

❖ Organizar y ordenar su cuarto.

De diez a doce años:

❖ Barrer, trapear y aspirar.

❖ Llenar la lavadora de ropa y poner y sacar los trastes del lavavajillas.

❖ Sacar la basura.

❖ Arreglar el jardín.

❖ Ayudar a bañar a la mascota.

❖ Lavar el coche.

❖ Ocuparse de su aseo personal.

❖ Ayudar a coordinar sus planes con amigos.

¿Cómo organizar el regreso a clases?

¡Con cuánto placer se recibe el fin de cursos y la llegada de las vacaciones! Quizá es la nostalgia de los veranos de la infancia o, sencillamente que, como padres, también nos toca cerrar cada ciclo escolar. Suelen ser varias semanas llenas entre clases abiertas, competencias, exhibiciones, torneos, convivencias, presentaciones, etc., hasta que, por fin, llegan las vacaciones.

Nada como la tregua de las desmañanadas y el potencial de los siguientes dos meses. Hay muchos planes divertidos para hacer con los hijos: escapadas de fin de semana, idas al cine, "turistear" en la propia ciudad, invitar a los pocos amigos que no se hayan ido fuera, comer muchos helados, etc., pero también sé que es un buen momento para hacer una pausa y atacar sin piedad el desastre de sus cuartos.

El primer paso es sacar todo del clóset. Luego, hay que depurar la ropa que, aunque sobrevivió al ciclo escolar, ya les queda de "brinca charcos" y deshacerse de lo que ya no usan. El segundo, es limpiar las repisas y aspirar los cajones. No hay que olvidar asear bien el área de los zapatos y, el tercero, acomodar la ropa. Ver todo ordenado es el mejor incentivo para que los hijos lo traten de mantener así.

Si van a ir de campamento o a un curso de verano, no se deshagan todavía de las prendas más viejas, es el momento de exterminarlas para pintar, "jardinear" y hacer deportes extremos... ya luego se deshacen de todo.

Es tiempo para hacer una lista de la ropa que les hace falta: desde calzones y calcetines hasta jeans, chamarra y sudaderas.

Ve planeando las compras y recuerda que vale la pena aprovechar las baratas de verano. Si los niños van de uniforme al colegio, no dejes esa compra para el último día, antes del regreso a clases.

Es buena idea mandar a hacer las etiquetas para marcar la ropa, de las que se planchan o se cosen, se consiguen en papelerías y "reparadoras de calzado".

Aprovecha las vacaciones para ir marcando todo lo nuevo que vayas adquiriendo y para llevar a arreglar dobladillos, zapatos, coser las mochilas y, de una vez, revisar que las maletas no necesiten un cambio de cierres o alguna costura. Es casi de vida o muerte lavar las mochilas y loncheras "a conciencia", antes de guardarlas.

Depura los restos mortuorios del material escolar que les sobró en el colegio. ¡Ojo!: no les pasa nada a los niños si vuelven a usar la misma pluma o las mismas tijeras el año escolar que viene. Nadie se muere si repite mochila o lonchera... Los niños deben aprender a ahorrar y a reutilizar su material. Ve qué rescatas, a muchos cuadernos que quedaron a medias se le pueden quitar las hojas y cortarlas para los recados o para dibujar.

Separa lo que ya no sirve y lo que se puede donar en iglesias y casas hogar, seguro van a agradecer tus donativos de material escolar. Recuerda que todo debe estar limpio.

Compra el material escolar nuevo lo antes posible. Hazlo con tiempo para poder marcar todo y forrar los libros y cuadernos. Si de plano no te alcanza la vida, en varias papelerías, especialmente las grandes, puedes dejar tu lista y la surten en un par de días.

Saca ya la cita para llevar a los niños al pediatra y al dentista, aunque no estén enfermos. Al menos hay que llevarlos una vez al año al pediatra y dos al dentista. También al optometrista si usan lentes o sospechas que los necesitan (una vez al año). Es buena temporada para que los adultos vayan al *chek up*, al ginecólogo, al dentista... ya que hay menos tránsito.

Como en vacaciones no hay tantas actividades y probablemente la familia salga a carretera, es momento de mandar el coche a servicio. ¡Ojo con la verificación, vuelve a empezar toda la vuelta el segundo semestre del año!

En cualquier tarde de lluvia que no tengan plan, ordenen el área de tareas: revisen los cajones del escritorio, depuren la mesa de trabajo, resurtan lo que haga falta de papelería. Dejen el estudio o escritorio listo para empezar el nuevo ciclo escolar en orden.

De una vez saca las fotos tamaño infantil y credencial a tus hijos. Seguro te las piden a la hora de reinscribirlos en el karate, natación o colegio.

Si te sacas estos "pendientitos" de encima lo antes posible, vas a poder desagobiarte mejor. Disfruta tus vacaciones, descansa y bájale al "acelere". Date permisos que el resto del año no te puedes permitir y, sobre todo, goza a tus hijos y diviértete con ellos.

¿Cómo preparar una ruta crítica para emergencias?

En caso de emergencia cada minuto es oro y por eso hay que estar preparado para saber qué hacer y hacerlo lo más pronto posible.

Hace tiempo fui a comer con mis hijos, entonces tenían seis y diez años, los dejé un momento en la mesa para ir al baño. Cuando volví, me dijeron: *"Mamá, estábamos muy preocupados porque te tardaste mucho y estábamos pensando qué íbamos a hacer si ya nunca regresabas"*... Me paré en seco, les dije que no se preocuparan, que no me había pasado nada y que nunca los dejaría solos. Acto seguido, me senté como si nada y, casualmente, les pedí que me contaran lo qué estaban pensando hacer en caso de que yo no apareciera.

Fue una conversación genial. Los dejé hablar y hablar a cada uno por turnos. A grandes rasgos me dijeron lo siguiente: *Mi hijo me dijo que iría a buscar a un policía y le pedirían que los ayudara a buscar a su mamá, mi hija dijo que iría con la señorita del restaurante a pedirle prestado su teléfono para marcarme al celular y preguntarme dónde andaba yo metida...*

Sería genial tener un botón de pánico portátil para pedir ayuda en caso de emergencia pero, como eso no existe, me parece muy importante que los niños sepan qué hacer. Si no lo hemos hecho, es momento de tomarnos el tiempo de explicarles lo que necesitan saber, obviamente, tomando en cuenta su edad.

Es vital que sepan a quién acudir o a quién llamar si les pasa algo: qué hacer si, por ejemplo: la mamá se desmaya y están solos con ella o qué hacer si se pierden en un centro comercial, etcétera.

De acuerdo con la edad de cada uno, los niños deben saber estar alertas para reconocer el peligro sin volverse temerosos ni andar por la vida con miedo. Se trata, simplemente, de un tema de prevención e información para estar preparado. No pretendo lanzar una campaña terrorista para angustiar a nadie.

Una medida muy concreta es que nuestros hijos sepan los teléfonos de memoria: el de casa, el celular de ambos padres y/o el de la oficina. Si además conocen el de algún familiar o contacto de toda la confianza, tanto mejor.

Obviamente, si los niños son pequeños, no se los van a aprender, pero entonces se les puede escribir en la planta del zapato con un marcador permanente y que ellos sepan que ahí tienen el número para pedir ayuda en caso necesario.

Es muy fácil hacer una lista con los contactos de emergencia: ambulancia, médico, bomberos, policía, familiares, veterinario (en caso de tener mascotas en casa), etc., y tenerla a la mano en un lugar de acceso inmediato como la puerta del refrigerador o la mesita de noche. Incluso, la pueden escribir en la computadora y reducirla para traerla enmicada en la cartera.

Hay que sentarnos con ellos y explicarles, tranquilamente, a quién deben acudir o a quién llamar. Que sepan cómo pedir ayuda, qué decir, qué hacer. Más aún, pueden dedicar un par de minutos a informarles lo que no tienen que hacer:

· Nunca salirse del lugar si están, por ejemplo, en una tienda, en el supermercado o en un restaurante. En caso necesario, deben pedir ayuda ahí dentro.
· No cruzar solos la calle.
· No subirse al coche ni a ningún transporte de nadie que no conozcan, aunque les ofrezca ayuda.
· Nunca deben abrir la puerta de casa ellos, es mejor que le avisen a un adulto si alguien tocó el timbre.
· Es preferible que los niños no contesten el teléfono y, si lo hacen, que no den ninguna información. Que tomen el mensaje y cuelguen.

A veces preferimos no hablar de lo que nos da miedo, creyendo que si no lo decimos, no va a suceder. Pero la verdad es que vamos a dormir más tranquilos sabiendo que estamos organizados para enfrentar una situación de emergencia.

Esa tranquilidad va a mejorar nuestra calidad de vida y puede hacer una diferencia en caso de que ocurra algún imprevisto que, de otra manera, hasta podría resultar fatal.

La prevención y la información también son parte del buen vivir.

CAPÍTULO 3

LOS ESPACIOS

Esta sección del libro es una guía práctica para resolver la organización de los espacios domésticos, principalmente, aunque tiene un alcance que funciona perfecto para el trabajo, el negocio y la escuela.

Este capítulo se lo dedico a mis profesoras de la Especialidad en Administración de Instituciones de Hospitalidad de ESDAI[1] y, en especial, a Lourdes Souza porque de ellas aprendí mucho y gracias a eso pude, primero, profesionalizar el mantenimiento de mi casa y, segundo, fueron la inspiración para armar mi curso "OrganizaT"[2].

---

[1] Escuela Superior de Administración de Instituciones de la Universidad Panamericana.

[2] Para más información visita la página www.preguntaleanatalia.com

De cómo aprendí el desapego y la importancia de planear la vida diaria

Lo de ser organizada y estructurada en mi vida diaria es algo que traigo dentro, es parte de mí. No sé si es genético, si tiene que ver con que cursé el pre—escolar en el sistema Montessori o si es algo que aprendí con el ejemplo en casa, pero es una característica que me ha acompañado desde hace mucho y que he practicado a lo largo de mi vida.

Me queda claro que ser medio ordenada y bastante organizada han sido, para mí, excelentes herramientas para sobrevivir a las tareas cotidianas y un recurso muy valioso para andar por la vida.

Cuando yo tenía nueve años, a mi madre le dio leucemia. Mi hermano y yo vivíamos con ella y así nos seguimos durante los ocho años que duró su enfermedad. Era terca como una mula y por eso, en vez de morirse a los seis meses, como indicaban las predicciones de su médico, mejor se dedicó a "amaestrar" a sus dos cachorros para hacerlos independientes y autosuficientes para cuando ella se fuera.

Por eso, desde muy pequeñita, me tocó aprender a hacer la compra del supermercado, poner la lavadora, hacerme cargo de mi tarea y dejar mi ropa lista para ir al colegio a la mañana siguiente.

También aprendí a no desperdiciar las cosas, a valorar cada día de vida y a hacer pagos en el banco, todo con la misma naturalidad.

Entre las monerías que le debo a mi mamá, aprendí a llevar las cuentas de la casa donde crecí, pero también a desenvolverme con impecable protocolo desde la infancia, por si acaso algún príncipe me invitaba a comer al Palacio de Buckingham (ella tan precavida, entre broma y no tan broma, siempre me decía: *"Uno nunca sabe y es preferible estar preparado"*).

Aprender todo eso desde pequeña fue un proceso que se volvió parte de mi vida diaria.

Después, cuando ella murió, mi hermano y yo vivimos un tiempo con una tía y su familia, pero terminamos regresando a nuestra casa a vivir solos. Desde entonces, nunca he dejado de administrar una casa.

Terminé la prepa, luego entré al Instituto Tecnológico Autónomo de México (ITAM), empecé a trabajar y, simultáneamente, "administraba" la casa: como soy medio mandona y controladora, sin preguntarle a mi hermano, tomé la batuta, que él cedió sin oponer ninguna resistencia.

Otra tarea que me "tocó" fue deshacerme de las cosas de mi mamá, quizá fue eso lo que me enseñó el desapego. Entender que por más que conservara su ropa, su perfume o sus zapatos ella no iba a volver, me ayudó a darme cuenta de que no estaba dentro de sus pertenencias, y que si me deshacía de los objetos, no pasaba nada.

Fue un proceso largo, que duró varios años, pero que logré completar cuando, finalmente, lo entendí.

Ese fue mi impulso para poder sacar las pertenencias de mi madre, donarlas sin culpa ni remordimiento y darme permiso de ir llenando esos espacios con mis propias cosas, las que me gustaran a mí y fueran parte de mi propia historia.

Conservé lo que me agradaba y me servía, y me deshice de todo lo demás. Desde entonces trato de donar cuanto pueda a quien lo necesita, segura de que lo apreciará mucho más que yo si lo conservo en un armario.

Así trato de manejarme desde entonces, así me organizo por dentro y por fuera, y funciona bastante bien.

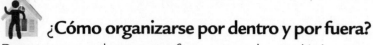 ¿Cómo organizarse por dentro y por fuera?

Depurarnos por dentro y por fuera, ¡esa es la cuestión!

En este apartado quisiera hacer una pequeña aclaración, la desintoxicación física, digamos del hígado y el intestino, la podemos dejar para otro momento. Cuando digo: *"depurarnos por dentro"* me refiero al espíritu y la conciencia y cuando digo: *"por fuera"* me refiero a la cantidad obscena de cosas inútiles que vamos acumulando.

Por dentro:

¿Hace cuánto que no hacemos una pausa para desconectarnos un momento del ruido y apagar el switch del mundo exterior? *Twitter, facebook, messenger, etc.*

¿Cada cuánto nos damos tiempo para realmente estar con nosotros mismos, para pensar qué aprendimos? ¿En qué nos equivocamos? ¿Qué queremos? Si nos costó un esfuerzo hacernos de algún buen hábito o dejar algún vicio por ahí, ¿ya nos lo reconocimos y agradecimos?

Es muy triste que a veces ni las doce uvas que marcan el banderazo del Año Nuevo cumplan con la función ritual para hacer esa pausa. Y, si nos sentimos culpables por algo, ¿cuándo es el momento de tomar responsabilidad y enfrentar la situación, de frente, con la humildad necesaria para pedir perdón? También sería bueno aprovechar la pausa para perdonar y perdonarnos.

Se trata de hacer una especie de balance de resultados de la vida propia, de conectarnos un poquito más con uno mismo para retomar aquellas cosas que dejamos a medias hace mucho o hace poco y para recuperar las ganas de enfocar nuestra energía hacia lo que realmente queremos.

¿Por qué no nos damos un ratito a solas, con papel y pluma, para pensar y luego decidir qué conservamos, qué tiramos, qué queremos y cómo lo vamos a conseguir? ¿Sabemos para dónde vamos?

Se trata de tomar conciencia y responsabilidad y de atreverse a dar el salto, a estirarse un poco más, aunque dejemos de estar tan cómodos ahí donde estamos.

También vale la pena aprovechar el impulso para dar gracias a quien cada uno tengamos que agradecer, por todo lo que hemos vivido, aprendido y recibido a lo largo de nuestra vida. De pronto, como por arte de magia, poner en papel lo que sí queremos y enfocarnos hacia dónde queremos ir nos ayuda a darle dirección a nuestro breve paso por esta tierra.

Hacer una pausa, desconectarse del "acelere" y desintoxicarse del caos, en verdad ayuda a planear mejor hacia dónde vamos. A mí, eso de planear y de organizar, me parece indispensable para que realmente podamos mejorar nuestra calidad de vida, la vida de todos los días y, en ese sentido, pienso que es importante dedicarle esfuerzo y planeación también a lo que llevamos por dentro.

El buen vivir, pienso, tiene que ser compatible por dentro y por fuera.

Ahora bien, como también yo soy muy práctica, si tú andas muy acelerado y no logras hacer la pausa todavía, está bien... Veamos cómo seguir con la organización...

Por fuera:
Se trata de depurar nuestra vida y nuestros espacios físicos de aquello que ya no usamos, no necesitamos, no nos gusta o no nos queda. Hay que depurar nuestra casa para deshacernos de lo que sólo nos estorba y nos hace ruido porque eso impide que entren cosas nuevas y únicamente está ahí atorando la energía.

No es necesario depurar toda la casa el mismo día, pero sí se puede ir haciendo área por área. Por ejemplo: empezar por un clóset, otro día los juguetes de los niños, un par de tardes dedicarse a la despensa para revisar caducidades y aprovechar lo que haya antes de ir a comprar.

La siguiente semana depurar el archivero, en un ratito al ver tele revisar el cajón de la mesita de noche y luego las medicinas... y sí, parece que nunca terminamos porque cuando al fin logramos dar toda la vuelta, hay que volver a empezar.

Si no tienes hijos, vas de gane, aunque seguro también tienes por ahí otro tipo de juguetes como películas, aparatos electrónicos, el equipo para escalar que nunca estrenaste o el casco de la moto que nunca compraste... y todo aquello que ya ni usas.

Si tienes hijos, por favor, no te pases, no les desaparezcas las cosas. —Yo todavía no supero que mi mamá haya regalado mi *rainbow brite* con todo y su unicornio mágico sin avisarme. Toma en cuenta que son sus pertenencias y pregúntales primero qué quisieran regalar.

Aprovecha para enseñarles que están ayudando a algún niño que no tiene tanta suerte como ellos, y que va a querer mucho a ese muñeco o a ese camión de bomberos que está ahí estancado en el librero desde hace meses o años.

Juntos seleccionen lo que van a donar, para después limpiarlo, ponerle pilas nuevas si hace falta y, por qué no, quizá hasta envolverlo para regalo.

El ABC para depurar

Mi sistema para depurar es muy fácil y es siempre el mismo, ya sea para un cajón o para un clóset y también aplica en la mente y los sentimientos.

Haz tres rubros:

1. Lo que se queda.
2. Lo que se dona.
3. Lo que se tira.

1. Lo que se queda: es el momento de lavar lo que esté sucio, poner de una vez ese botón en la blusa o bolear las botas que amas pero que, por ningún motivo, puedes usar en ese estado.

Ya que termines la clasificación y vuelvas a guardar todo, aprovecha para darle un buen trapazo a los cajones y acomodar todo bien doblado. Si algo está arrugado, no lo guardes, que se planche bien primero.

2. Lo que se dona: este rubro también se puede vender. La verdad es que en México estamos poco acostumbrados a las "ventas de garaje", pero si sacas muchas cosas o te juntas con un par de amigos, tal vez valga la pena organizar una.

Algo que se está haciendo últimamente, y es un tip que me llegó en un sitio de Internet buenísimo que, por cierto te recomiendo y que se llama "los tips de lola"[3], es que entre amigos se arma un intercambio de cosas en perfecto estado pero que, por razones distintas, ya no usan. Puede ser porque, en el mejor de los casos, enflacaste tres tallas y ya no te queda esa chamarra de ante divina que usaste una sola vez o porque ya aceptaste que nunca vas a usar las botas para esquiar o porque tú y tu pareja ya cerraron la fábrica y no van a necesitar la bañera, la carriola, la sillita del coche, etc.

Se juntan en una casa, pueden tomarse un café o un vinito mientras platican y salen con las manos llenas de objetos que les son útiles y, al mismo tiempo, ya hicieron feliz a alguien más.

La otra opción es donarlo y, en esta época me parece especialmente importante. Estoy segura que en nuestras casas hay ropa y juguetes que ya no se usan y que, de verdad, le hacen falta a muchos niños que andan por ahí. Pueden desde dárselos en la mano al parar en un semáforo o llevarlos a alguna casa—hogar donde, seguro, les van a hacer la diferencia.

De estas tres maneras: venta de garaje, intercambio entre amigos o donativos, nosotros sacamos de nuestra casa lo que ya no necesitamos y dejamos espacio para recibir lo nuevo, al

---

[3] www.melodijolola.com

mismo tiempo que le echamos una manita a quien, de verdad, lo va a agradecer.

3. Lo que se tira: hay cosas que ya no sirven, ni se pueden reparar ni se pueden ya usar, sin piedad, ¡tírenlas!

Siempre será importante y útil hacer una pausa en el camino para andar bien enfocados y organizados para lograr lo que queramos. Y, si de paso ayudamos a alguien más, el beneficio es exponencial para todos.

¿Cómo organizar los espacios en casa?

Tener muchas cosas nos convierte en personas privilegiadas y afortunadas pero, cuando las posesiones se salen de nuestro control, se vuelve difícil mantener cierto orden en nuestras vidas.

Es muy cierto que nuestro entorno es un reflejo de nuestro interior y por eso tenemos que estar siempre alertas para no permitir que lo que nos rodea nos rebase y termine por adueñarse de nosotros.

Me parece que podríamos empezar por dedicarle un tiempo a revisar nuestra casa que, finalmente, debería ser nuestro refugio al final del día y un espacio donde nos sintamos a gusto, protegidos, contenidos y en paz.

Lo primero es identificar las distintas áreas de nuestra casa y tomar conciencia de qué espacios disponemos. Es muy útil diseñar o, en su defecto, organizar los espacios para tener una vida cómoda y funcional. ¿Para qué tener un sillón de diseñador que no vamos a disfrutar porque nos da nervios que se "gaste" o para qué dedicarle el mejor espacio de nuestra casa a "las visitas" si nunca recibimos invitados?

Soy de la idea que lo bueno que tengamos lo deberíamos disfrutar nosotros mismos, siempre, desde la vajilla que nos dejó la abuela hasta la sala de nuestra casa. ¿De qué nos sirve tener lo más lindo que tenemos guardado en un clóset y privarnos de disfrutarlo para no maltratarlo si de todas maneras, cuando nos vayamos, no nos vamos a llevar nada?

Lo segundo es que para organizar y poner orden en la casa podemos empezar por tomar en cuenta la ventilación, iluminación, orden, dimensiones de los muebles, altura de los cuadros, etcétera.

Tercero, debemos distinguir entre las áreas que son para "vivir" y las que tenemos para "guardar" y almacenar. Hay muchas maneras de organizarse y si, por ejemplo, no tienes tantos clósets, puedes meter cajoneras, muebles con puertitas, cajas, etc. Venden todo tipo de contenedores muy lindos de colores, de papel, de tela, de cartón, de plástico o cuero, con y sin tapa, decorativos o de almacenamiento en toda la gama de precios; basta con darse una vuelta por las papelerías y supermercados grandes o por las tiendas especializadas de decoración y organización.

Al planear el diseño o acomodo de algún área de tu casa, hay que tomar en cuenta qué función va a cubrir ese espacio, por ejemplo: el cuarto de tele puede también ser el cuarto de visitas o el comedor puede ser el espacio donde los niños hacen sus tareas, el área de lavandería puede tener un espacio para bodega y, si de plano no cabes, puedes instalar tu centro de lavado en la regadera de visitas que nunca se usa.

También hay que diferenciar las áreas que son públicas de las que son privadas porque no es lo mismo "el aposento" que el comedor. Debemos ser realistas al pensar cómo vamos a usar cada espacio: si no queremos que los amigos de los hijos estén metidos en las habitaciones, hay que pensar en una sala de estar cómoda y de uso más rudo y, si tenemos hijos que toman su leche con chocolate, no es buena idea tener sillones blancos.

Además, debemos considerar cuánto tiempo pasaremos realmente en cada área: si tienes poco espacio tal vez es mejor una sala más grande y cómoda que puedas usar diario y que te sirva, también, cuando vengan tus invitados dos veces por año. Si te encanta cocinar, tal vez puedas hacerte una cocina más grande con una barra y quedarte sin antecomedor o comedor.

Si tus hijos tienen que compartir baño, tal vez es preferible que te quedes sin baño de visitas pero que en el día a día ellos puedan usarlo también y, cuando recibas gente, simplemente cambias las toallas de mano y quitas sus objetos personales, y listo.

Para renovar el "*look*"[4] de los espacios y muebles no hace falta tanto presupuesto. Es increíble lo que se puede lograr pintando una pared, cambiando la distribución de los cuadros (aunque tengas que resanar el hueco de los clavos que quitaste y darle una pintadita para emparejar) y muebles o poniendo algún accesorio nuevo como velas, plantas, flores, etc.

Se puede reciclar un mueble pintándolo, cambiando los herrajes o reasignándole una nueva función. —Yo convertí un tocador antiguo en lavabo y me encanta.

Si no quieres retapizar tu sillón, le puedes poner un par de cojines decorativos más llamativos o tirarle una frazada por un lado para que cambie de color y textura.

Cada cosa en su lugar: el orden

Si cada cosa tiene su lugar y todos las devolvemos ahí después de usarlas, siempre van a estar a la mano. El mejor ejemplo son la cinta adhesiva, la engrapadora y las tijeras.

Es muy práctico guardar las cosas en función del uso: lo que utilizamos frecuentemente debe estar a la mano, a una altura entre los ojos y la cadera, por ejemplo: los cubiertos, los vasos, los platos. Lo de uso ocasional puede estar más arriba o más abajo de la vista, por ejemplo: la licuadora, la batidora, etc.

[4] Imagen

Lo de poco uso queda bien hasta arriba o hasta atrás de los gabinetes, por ejemplo: la máquina para hacer helados que no has estrenado o el juego de cubiertos para las ocasiones especiales. También lo puedes guardar en cajas y etiquetarlo.

En el caso de la ropa de invierno, que sólo usarías en una excursión al Polo Norte, métela en una caja de plástico transparente o en una bolsa al vacío para evitar que entre el polvo y poder ver el contenido.

Las cosas más pesadas siempre deben quedar abajo.

Libera espacio y ayuda a alguien

Simplifica tu vida y libérate, no acumules cosas que no necesitas o que no usas. Para depurar, el sistema que sugiero es siempre el mismo y funciona muy bien: saca todo y ve clasificando en tres categorías:

Primero lo que conservas, pero si requiere mantenimiento o reparación no lo guardes y ocúpate de eso esta misma semana. Segundo, lo que dones o vendas en una venta de garage, pero asegúrate de que esté limpio y tercero, lo que tiras porque es basura y a nadie le sirve.

Recicla: separa el papel periódico y revistas, pon las pilas usadas en un bote transparente...

¿Cómo organizar por áreas?

Archivo y archivo muerto

Parece mentira pero nunca volvemos a revisar el ochenta por ciento de los documentos que archivamos. Además, como ya sabemos que el desorden nos cuesta tiempo y dinero, entonces no hay pretexto para guardar papeles que no necesitamos ni para tener un desastre por toda la casa.

Estados de cuenta, facturas, recibos de honorarios médicos, teléfono, agua, luz, predial, gas, etc. Toma muy poco tiempo sentirse o quedar literalmente rebasado por tantos papeles que nunca dejan de acumularse.

Parece una tarea titánica tener que enfrentarse con pilas de notas, recibos y papelitos. Pero, si logramos asignarle un lugar a cada rubro en un archivero, la mitad del trabajo está hecho y sólo tenemos que tomarnos un poco de tiempo para colocar cada documento en su lugar.

Prometo que una vez que lo hagas, te vas a sentir ligero y con un orden mental capaz de armonizar tu *feng shui* cerebral (bueno, al menos una parte).

¿Por dónde empezar?

Puede sonar muy obvio pero lo primero es depurar los papeles y correo que no has archivado. ¡Ya sé que tienes mejores cosas que hacer, por eso, hazlo de una vez y sácatelo de encima!

Tira todo lo que ya no sirve, tritura bien los papeles que tengan información tuya para que nadie les dé mal uso, y empieza a clasificar por bloques los papeles personales, las cuentas, el archivo muerto...

Es muy importante tener un espacio asignado para archivar los distintos documentos bajo cierta clasificación. Puede ser un mueble grande si tienes espacio o, incluso, una caja que puedas guardar en algún clóset.

Necesitamos dos tipos de archivo: el primero es el que está más a la mano y es el que usas constantemente, el segundo es el archivo muerto donde vas guardando los documentos de años anteriores que debes conservar pero que no vas a necesitar tener a la mano.

Además es recomendable mantener algunos de los documentos bajo llave o en la caja fuerte.

Para el archivo de uso frecuente.

Le puedes poner folders colgantes para clasificar y separar por temas:

- Registro de documentos personales: actas de nacimiento, certificados escolares, títulos profesionales, diplomas, currículum vitae, actas de matrimonio, de divorcio, de defunción...
- Es muy práctico tener siempre en casa fotocopias del acta de nacimiento, pasaporte, IFE, visa, cartilla de vacunación, militar... También es recomendable asignar un espacio a cada miembro de la familia para separar sus documentos personales.
- Testamento: Si no lo tienes, hazlo cuanto antes. Saca una cita en cualquier notaría. Es muy fácil, sólo necesitas tu credencial de elector y dos testigos. Si lo sacas en el mes de septiembre te hacen descuento. Títulos de propiedad: escrituras, acciones, etc. Documentos de afiliación o contratos con asociaciones, clubes, videoclubes...
- · Seguros: gastos médicos, de vida, de educación, patrimoniales, etc., puedes poner aquí el del automóvil o directamente en el espacio del auto.
- Registro de personal: es muy importante llevar un registro del personal que ayuda en casa (empleada doméstica, chofer, jardinero, mozo, nana, enfermera, etc.). Siempre se les debe pedir una fotocopia de su identificación oficial y, en su defecto, acta de nacimiento y una fotografía. Debemos tomar todos sus datos, desde dirección hasta tipo de sangre, alergias, antecedentes médicos y contacto de emergencia. También se puede llevar un registro de su fecha de ingreso, los aumentos salariales que reciben, monto de gratificaciones, vacaciones, permisos, ausencias, etc.

- Es básico armar el historial médico de cada miembro de la familia donde se guarden los análisis clínicos, recetas, diagnósticos médicos, tratamientos, etc. Conserva siempre las radiografías, resonancias magnéticas, mastografías y estudios clínicos importantes, pueden servir como antecedentes o referencia en un futuro.
- Registro de cuentas, tarjetas bancarias e instrumentos financieros, acciones en bolsa, etc. (¡Ojo!: este registro no debe estar a la vista pero se le puede dar una copia a la persona de más confianza, por ejemplo: el albacea). Te recomiendo tomarte un momento para registrar el número y banco de las tarjetas de crédito o débito que tengas. Anota el número de teléfono al que debes llamar para cancelarlas en caso de robo. También escribe la clave de seguridad y el PIN del cajero automático; guarda esta hoja en un lugar seguro. Registra cada cuenta de banco que tengas indicando quién es el titular, quién tiene firma, quién es el beneficiario, etc. Apunta si tienes un asesor bancario o financiero y sus contactos.

Actualiza beneficiarios y firmas, nunca sabes si se puede ofrecer. Pide a tu banco que no te envíen los estados de cuenta más que en versión electrónica: libérate de papeles y salva un árbol. Mantén los estados de cuenta en un lugar seguro aunque sea un archivo digital.

- Documentos del coche: factura, tenencia, seguro, verificación, hojas de servicio...
- Documentos de las mascotas: carnet de salud, pedigree, registro de vacunas, documentos de compra o adopción, etcétera.
- Recibos de servicios de la casa: luz, gas, agua, predial, teléfono, cable, mantenimiento, vigilancia, renta, celulares...

- Comprobantes de obras de mantenimiento en la casa: impermeabilización, trabajos mayores de plomería, gas, remodelaciones, etc. (pueden ser muy útiles si quieres vender tu casa).
- Recibos de clases particulares, colegiaturas, transporte escolar...
- Honorarios médicos, acuérdate de ponerlos todos juntos porque te pueden servir para deducir gastos en tu declaración anual, al igual que las facturas que también te sirven para deducir impuestos si es el caso, como colegiaturas, donativos a instituciones de asistencia privada, gasolina, restaurantes, etc.
- Pago de impuestos, declaraciones mensuales y anuales, documentos de altas y bajas ante el SAT, etc. **Acuérdate que la declaración anual se presenta en el mes de abril**.
- Puedes guardar todas las facturas, garantías e instructivos en un mismo lugar: tele, lavadora, microondas, caminadora, cámara, ipod, etc.

Para el archivo muerto
En el archivo muerto guardamos por cinco años todo lo que no podemos tirar pero que no necesitamos tener a la mano. Lo ideal es utilizar una caja de plástico que proteja los documentos de la humedad y el polvo, y que puedas poner en un lugar donde no estorbe, hasta arriba o hasta atrás de un clóset o en una bodega.

Pasa los documentos del archivo al archivo muerto una vez al año y ve tirando lo que tenga entre siete y cinco años.

Haz un índice de tu archivero que te sirva como inventario y dale una copia a la persona de más confianza que quedaría a cargo si te pasara algo (toca madera pero, por *Ley de Murphy*, cuando tienes todo planeado y previsto, no pasa nada, o sea que hazlo y quédate tranquilo).

Organízate y hazlo...

- Una vez al mes archiva todo lo que acumulaste encima de tu escritorio y en el correo.
- Cada seis meses revisa tu archivero y tira lo que ya no necesitas.
- Una vez al año depura tu archivero y pasa al archivo muerto lo que sí necesitas conservar.

Qué tirar y qué conservar...

- En el archivo general, sólo guarda lo del año en curso (agua, luz, predial, teléfono, mantenimiento, colegiaturas, etc...) y los documentos personales que prácticamente deberás conservar toda la vida.
- Cada año deshazte de cuentas de cable, de celular, teléfono fijo, recibos de tarjetas de crédito (¡Ojo!: deshazte sólo de los vouchers, no de los estados de cuenta) y fichas de depósito, recibos que no deduzcas, contratos de servicios que estén vencidos, garantías expiradas...
- Conserva para toda la vida radiografías, estudios médicos (guárdalos en el archivo muerto), actas de nacimiento y copias certificadas. Todo tipo de actas; acciones de bolsa y fondos de inversión, trámites de ciudadanía y nacionalidad; escrituras (aunque hayas vendido la propiedad), documentos de adopción; acuerdos de custodia y

poderes legales; actas de divorcio y acuerdos de separación; planes de retiro; documentos de becas de estudio; demandas; poderes legales; contribuciones y planes de pensión para el retiro; cartilla militar y documentos religiosos.

- En el archivo muerto guarda durante cinco a siete años declaraciones de impuestos, documentos de donativos a caridades y fundaciones, desde papeles hasta las facturas de los automóviles; estados de cuenta bancarios y de tarjetas de crédito, respaldos de documentos financieros de tu disco duro, talonarios de chequeras, recibos de equipo de oficina; pólizas de seguros de alguna propiedad que hayas vendido; comprobantes de domicilio de alguna propiedad que hayas vendido (predial, luz, mantenimiento, agua); reportes de accidentes y reclamaciones; todos los comprobantes de pago de servicios que deduzcas de impuestos como teléfono, celular, agua, predial...; documentos de préstamos y pagarés que ya estén saldados.

Directorios

Actualiza tus directorios telefónicos una vez al año. Si continúas anotando los teléfonos en un directorio de papel, puedes aprovechar para irlos capturando en versión electrónica.

Es importante respaldar la *blackberry, iphone, palm* o lo que tengas con tu computadora de manera periódica y también es recomendable imprimir los teléfonos y ponerlos en micas de plástico en una carpeta a la mano en tu casa, así los puedes consultar tú o cualquier miembro de tu familia cuando no estés.

Puedes conseguir una inmensa variedad de directorios, micas, carpetas, tarjeteros, etc., en las papelerías grandes y tiendas de decoración y organización. Existen unos tarjeteros muy útiles para poner las tarjetas de médicos, plomeros, servicios de banquetes, etc., sin la necesidad de capturar los datos o pasarlos a tu agenda. Pon todo en orden por especialidades y así podrás facilitar tu búsqueda cuando necesites un número.

También actualiza los directorios de los amigos de tus hijos, desde los compañeritos del colegio hasta los de clases extraescolares, amigos del club... Te pueden ser de gran utilidad a la hora de organizar el pastelito de cumpleaños o cuando estés buscando a tu hijo adolescente que no ha regresado del antro.

Organiza tus llaves

Revisa las que tienes, ponles un identificador (los puedes comprar de papel o de plástico según tu presupuesto) y saca duplicados de lo que haga falta. También es recomendable dejarle un duplicado de la entrada de tu casa a un vecino de toda tu confianza o a un familiar o amigo que viva cerca.

Dedicarle quince minutos al cerrajero, en este momento, para sacar un duplicado de repuesto, seguramente resulta más fácil y barato que tener que hacerlo a las doce de la noche bajo la lluvia y sin llave para copiar. Además, darle una copia a tu persona de confianza puede hacer la diferencia en caso de emergencia si tú no estás (fuga de agua, de gas...).

Fotografías

Uno de los propósitos de Año Nuevo suele ser ordenar las pilas de fotos que se van acumulando por años sobre la mesita de noche o en un rincón de un mueble. Típico que todavía tienes pendiente el álbum del bautizo de tu hijo y ya está por hacer la primera comunión. En ese caso, puede ser muy desmotivante pretender arreglar todo de un jalón.

Lo recomendable es ir, poco a poco, con las fotos atrasadas pero, a partir de este momento, ordenar inmediatamente las que vas imprimiendo.

Un buen tip si tienes hijos es armar álbumes separados para cada uno. Cuando imprimas, puedes sacar doble copia de lo más especial para que cada quien tenga esas imágenes y, simplemente, les repartes el resto de las fotos. Si no quieres imprimirlas, nada más haz las copias que necesites en discos o memorias USB. Así, evitarás peleas y nadie va a necesitar deshacer los álbumes para hacer el reparto.

Si tu cámara es digital, respalda todo en tu computadora y copia las fotos en una memoria externa y, si no lo es, mejor invierte en una. Puedes marcar los CD con la fecha y evento, y ponerlos en orden cronológico en una caja o en un cajón. También puedes mandar a hacer tus álbumes electrónicos. Consulta en Internet, hay muchas opciones.

Medicinas
¿Cómo armar un botiquín para la casa?
Me parece realmente importante tener un buen botiquín de primeros auxilios en casa. En cualquier momento tú o alguien de tu familia puede cortarse, quemarse o sufrir cualquier tipo de lesión que necesite primeros auxilios.

No podemos evitar todos los accidentes, sin embargo sí podemos organizarnos para estar mejor preparados para enfrentar una emergencia. Hay heridas que se pueden curar en casa pero es necesario saber atender y tratar los accidentes menores.

Tener a la mano lo necesario nos puede hacer la diferencia.

No dudo que en casa ya tengamos casi todo lo que hace falta, pero hay que tenerlo todo en un mismo lugar: en caso de una emergencia, lo que menos queremos es tener que buscar por un lado la gasa y, por otro, el agua oxigenada. Eso sí, hay que tener cuidado de no dejar nada peligroso al alcance de los niños.

Podemos comprar un botiquín básico ya listo o armar uno nosotros mismos. Lo que siempre debemos tener es:

·   Termómetro.
·   Analgésico.
·   Antiinflamatorio.
·   Guantes esterilizados.
·   Gasa.
·   Curitas.
·   Vendas.
·   Micropore.
·   Paquete de hielo.
·   Algodón.
·   Toallitas desinfectantes /gel desinfectante.
·   Alcohol
·   Agua oxigenada.
·   Pomada con antibiótico para las cortadas.
·   Crema para las quemaduras.
·   Tijeras.
·   Pinzas de depilar, pueden servir para sacar astillas.
·   Una linterna (nunca sobra).
·   Pomada o gel de caléndula para las quemaduras leves, cortadas y raspones. Pomada o gel de árnica para los golpes.
·   Anti—ácido.

Nota: Dentro del botiquín puedes tener una hoja enmicada con los teléfonos de médicos, ambulancias y hospitales.

Es muy importante preparar un plan de contingencia para saber qué hacer en caso de accidente.

Te recomiendo entrar a www.cruzroja.org y consultar los cursos y lineamientos de primeros auxilios y protección civil.

Una vez que el botiquín esté armado, hay que mantenerlo al día, en cuanto uses algo, reponlo. Nunca sobra tomar un curso de primeros auxilios (como padres es muy importante pero también vale la pena capacitar a quienes nos ayudan a cuidar a nuestros hijos).

Es necesario revisar las caducidades de las medicinas y antibióticos que tengamos en casa, deshacerse de lo que ya no sirve y reponer lo que haga falta. Revisa medicinas y botiquín cada seis meses por lo menos.

La prevención es la mejor manera de estar preparado para enfrentarnos a los imprevistos. Planea, organízate y duerme tranquilo, esto también es parte del buen vivir.

Nota: Arma un kit de primeros auxilios para traer en tu coche y ten uno aparte para viajar.

Clóset de blancos

Revisa tus sábanas y toallas. Deshazte de lo que te sobra y dónalo a alguien que lo necesita.

Dobla bien las sábanas y toallas para que ahorres espacio y se vea todo en orden.[5]

Hay fundas con cierre o bolsas herméticas o, incluso, puedes usar una extra grande para guardar los edredones y mantas que son sólo para el invierno (ocupas menos espacio y las proteges del polvo y la humedad). Lava todo antes de guardarlo.

Para contrarrestar la humedad en tu clóset de blancos pue-

---

[5] Si tienes duda de cómo doblarlas busca el video explicativo en www.preguntalea-natalia.com

des utilizar algún producto especializado. Una toallita de las que usas para la secadora ayuda contra la humedad y da buen olor.

Si hay poca iluminación, puedes colocar una lamparita de pilas o una simple linterna en la puerta de tu clóset.

Si no tienes clóset de blancos, puedes guardar lo que se usa más seguido en los de las recámaras y comprar unas cajas de plástico especiales para colocarlas debajo de la cama: ahí puedes guardar edredones, colchas, cobijas, etc., aunque los expertos en *feng shui* dicen que es preferible no guardar nada debajo de la cama, tú decide.

Papelería en casa

Es un placer encontrar la engrapadora cuando más la necesitas. Organiza tu papelería en casa: tijeras, engrapadora, pegamento, folders, sacapuntas, colores, etiquetas... Puede ser una caja, un clóset o un cajón, pero en orden.

Revisa lo que hay y ve a la papelería a comprar lo que te haga falta.

Piensa en las necesidades reales y no compres más que lo necesario. Compra rollos de papel para envolver para cuando tengas que hacer algún regalo, también puedes aprovechar el papel periódico. Si tienes hijos pequeños lo pueden colorear y se ve bonito, es original, barato y más amigable con el medio ambiente.

De una vez, ya que estás en la papelería, busca el material que necesites para las tareas de tus hijos o para hacer manualidades con ellos (y aprovecha la vuelta para resurtirte de fotocopias de licencia, credencial de elector, pasaporte, etc.).

Aprovecha el papel reutilizando las hojas impresas por el otro lado para hacer dibujos, anotar recados, etc., y enseña a los niños a no desperdiciar.

Cocina

Para mí, lo más práctico para mantener el orden y encontrar todo de una forma más fácil es tener cajones, más que repisas. Las repisas te obligan a olvidar cosas atrás y a mover todo para sacar algo.

Si no tienes más que repisas, puedes poner esas tablitas giratorias que son muy prácticas, especialmente en las esquinas, la despensa y hasta en el refrigerador.

Despensas

Periódicamente tenemos que revisar las caducidades (te puedes morir de botulismo por comer de una lata en mal estado y, ante la duda, mejor tirarla). Revisa bien lo que hay antes de ir al supermercado y planea tus menús de la semana, aprovechando lo que tienes en la despensa.

Es importante hacer rotación de inventarios, ir guardando lo nuevo atrás para que primero se ocupe lo más "viejo" que debe estar adelante.

Lista de compras

Puedes pintar una pared de tu cocina con pintura de pizarrón para gis, colgar un corcho o un pizarrón de plumón. También tener un block en el cajón o imprimir una lista base, elige el sistema que quieras, pero asegúrate de que se vayan apuntando las cosas que están por terminarse antes de que te hagan falta. Escribe una lista básica de lo que siempre debe haber en tu casa, la imprimes, la enmicas y la usas de guía cada vez que vayas a ir al supermercado o vayas a pedir la compra por teléfono.

Revisa ollas, sartenes, vajillas, cubiertos incompletos, etc. No uses equipo dañado que pueda ser inseguro para la salud (tíralo) y dona lo que no usas y pueda serle útil a alguien más. Repón vasos y platos, rotos y despostillados, y cubiertos incompletos.

Recetarios y libros de cocina

Si los tienes en la cocina, búscales un espacio donde no se llenen de grasa, aspíralos periódicamente. Colócalos en un lugar accesible para que de verdad se utilicen. Cuando tengas un rato, dedícale un tiempo a echarles un ojo y planear un menú diferente. ¡Si ya los tienes, úsalos!

Delantal

Es importante usar siempre un delantal para cocinar, y no puede ser el mismo que se usa para hacer la limpieza (seguro no quieres que tu asistente limpie el WC con el mismo delantal y luego venga a picar la cebolla ¿o sí?).

Lo mejor es tener delantales blancos y trapos de cocina blancos que no disimulen la mugre. La manta de cielo es una gran opción para hacer trapos porque no huelen feo, son muy baratos y muy resistentes.

Yo paso mucho tiempo en la cocina y por eso me gusta tener un buen jabón en gel, cepillito de uñas y crema para las manos. También es muy práctico tener un gel desinfectante ahí mismo, especialmente después de tocar pollo, pescados, mariscos y carnes crudas.

Botes para separar la basura

Usa los botes de basura que realmente se adapten al espacio que tienes y a tus necesidades. Puedes poner uno pequeño debajo de la tarja para los desechos orgánicos. Recicla las bolsas del supermercado en este basurero y sácala todos los días para evitar malos olores.

Invierte en un buen bote para todo lo reciclable, puede ser uno grande donde vayas juntando todos los materiales desechables o uno especial con divisiones. Existen unas estructuras metálicas donde cuelgas tres o cuatro bolsas del supermercado para ir separando la basura reciclable. Esa basura no huele, así es que puede estar ahí hasta que se llene.

Opciones hay miles, elige una que realmente se adapte a tu espacio y, aunque cueste trabajo, coopera para que todos en tu casa se vuelvan más conscientes y ecológicos.

Los botes de basura se deben lavar periódicamente y no está de más desinfectarlos de vez en cuando con un poco de cloro.

Forrar cajones
Es especialmente útil poner forros de plástico acolchado donde se guarda la cristalería y las vajillas, ya que evita que se resbalen y despostillen. También hay que limpiar los cajones de vez en cuando; los puedes vaciar y aspirar, y lavar el forro con agua y jabón.

Para limpiar los electrodomésticos lo mejor es usar un trapo húmedo y, donde sea posible, agua y jabón. ¡Ojo!: con los productos abrasivos que sólo queman, son tóxicos y contaminan.

Para limpiar el refrigerador y el microondas, disuelve dos cucharadas de bicarbonato en medio litro de agua tibia, empapa un trapo o esponja con esta preparación y listo.

Para limpiar el horno prepara una pasta con bicarbonato y limón. Si tienes manchas de sarro en plástico, cristales o acero inoxidable, usa vinagre blanco.

Lavandería
El espacio de lavandería debe estar bien ventilado porque es un área donde se puede salir el gas y pueden suceder chispazos de fuego (secadora, calentadores...).

Todos los productos de limpieza, aunque no parezcan tóxicos, deben estar siempre fuera del alcance de los niños.

**Nunca rellenes botellas de agua o refresco
con ningún producto de limpieza.**

Si no tienes mucho espacio para un lavadero de piedra donde tallar la ropa, puedes hacerlo en uno chiquito, como los que usan las escuelas Montessori. Funcionan perfectamente y ocupan la mitad del espacio.

Vacía tus detergentes en contenedores de plástico transparentes y con tapa hermética, así evitas que los jabones en polvo se humedezcan y que se tiren de las bolsitas. Puedes ponerles una etiqueta plastificada o marcar con plumón permanente el contenido para que no haya confusiones.

Tinas para remojo

Son básicas para prelavar. Puedes colgarlas de algún gancho en la pared si tienes patio de tendido o colocarlas debajo del lavadero para que no estorben.

Asegúrate de que la lavadora y secadora se usen correctamente, en los ciclos y a la temperatura que se requiere. Si de plano no quieres correr riesgos, cancela el agua caliente de la lavadora. Tómate el tiempo necesario para leer el instructivo y luego enséñale a tus hijos y a quien te ayude con la ropa, a usarla como dice en las instrucciones.

No se vale quejarse de la ropa arruinada si no te tomaste el tiempo de capacitar a tus ayudantes, este consejo también aplica al personal de servicio y a tus hijos si ya están en edad de usar la lavadora y secadora, por cierto no es necesario ser mayor de edad para aprender a utilizarla.

Puedes hacer unas instrucciones básicas y enmicarlas para pegarlas en algún corcho o pared que esté encima de la lavadora.

Los productos para lavar la ropa deben utilizarse siguiendo

las instrucciones del proveedor, no por usar más jabón la ropa queda más limpia, y hay que acostumbrarse a leer las etiquetas de la ropa.

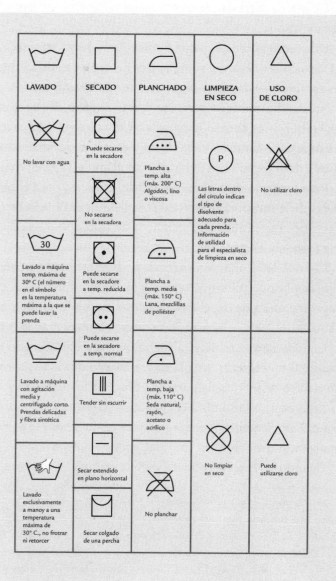

LAVADO	SECADO	PLANCHADO	LIMPIEZA EN SECO	USO DE CLORO
No lavar con agua	Puede secarse en la secadore	Plancha a temp. alta (máx. 200° C) Algodón, lino o viscosa	Las letras dentro del círculo indican el tipo de disolvente adecuado para cada prenda. Información de utilidad para el especialista de limpieza en seco (P)	No utilizar cloro
	No secarse en la secadora			
Lavado a máquina temp. máxima de 30° C (el número en el símbolo es la temperatura máxima a la que se puede lavar la prenda	Puede secarse en la secadore a temp. reducida	Plancha a temp. media (máx. 150° C) Lana, mezclillas de poliéster		
	Puede secarse en la secadore a temp. normal			
Lavado a máquina con agitación media y centrifugado corto. Prendas delicadas y fibra sintética	Tender sin escurrir	Plancha a temp. baja (máx. 110° C) Seda natural, rayón, acetato o acrílico		
	Secar extendido en plano horizontal		No limpiar en seco	Puede utilizarse cloro
Lavado exclusivamente a manoy a una temperatura máxima de 30° C., no frotrar ni retorcer	Secar colgado de una percha	No planchar		

Al menos tres o cuatro veces al año, mueve con cuidado la lavadora y secadora, y limpia la mugre de pelusa, jabón, polvo y cochambre que va a estar ahí pegada. Basta raspar el piso con una cuña de metal o plástico y luego tallar con un cepillo con agua y jabón.

Una vez al año dale mantenimiento a tu lavadora y secadora (el técnico las desarma y limpia por dentro), y a los calentadores también (se drenan y se revisa que no haya fugas).

Aprovecha también para cambiarle el filtro del agua al refrigerador, si es el caso, y para lavar los tinacos. Los filtros de los tinacos se cambian cada dos o tres meses. También se debe lavar y desinfectar la cisterna una vez al año si vives en casa.

Para tender la ropa aprovechando el espacio y para ahorrarte el gas de la secadora, invierte en tendederos flexibles o retráctiles, tubos con ruedas tipo perchero de vestuario para colgar la ropa tendida en ganchos.

Cuando laves una camisa, cuélgala bien estiradita en un gancho de plástico para que sea más fácil plancharla. —Yo, como la protagonista de la película *"Mommie dearest"*[6], no soporto los ganchos de metal y, aparte, si se oxidan, te manchan la ropa.

Cuando laves un suéter a mano o en el ciclo delicado no lo exprimas ni retuerzas. Mi mamá me enseñó que lo vas enrollando dentro de una toalla para que absorba la humedad y luego lo dejas secar a la sombra encima de otra toalla seca sobre una mesa. También puedes conseguir unos tendederos especiales de malla para que "respiren" por debajo y por arriba.

Cuando laves ropa delicada métela en las bolsitas para lava-

---

[6] "Querida mamá" es una película estadounidense de 1981, dirigida por Frank Perry. Actúa Faye Dunaway. Esta película está basada en la novela biográfica del mismo nombre. La escribió Christina Crawford, hija de la legendaria actriz de Hollywood Joan Crawford. Dunaway interpreta a Joan, quien vivió atrapada entre su exitosa vida pública y su difícil vida privada. La violencia y el alcohol marcaron la relación con su hija, crudamente retratada en esta película.

dora y selecciona el ciclo delicado. Muchas veces lavar a mano resulta muy "agresivo" (para la ropa, muchas veces, y "para uno", ¡siempre!).

Si vas separando la ropa sucia por colores dentro de canastos o cajas de plástico es más fácil ir lavando conforme haya suficiente ropa. No se vale echar una carga por tres calcetines o por dos jeans.

Todos tenemos que ahorrar agua, jabón y tiempo.

Ese tipo de cajas o canastos también sirven para ir acomodando la ropa ya limpia y hacer más fácil la distribución a cada clóset.

Arma un estuche de desmanchado para tu lavandería (cepillo de dientes para tallar manchas específicas sin maltratar, jabón blanco para untar los cuellos y puños de las camisas, y evitar que se percudan sin necesidad de tallar, jabón verde para manchas de pasto, sangre, etc., un atomizador de agua con vinagre blanco para prevenir las manchas amarillas que provoca el desodorante).[7]

Para más tips de desmanchado y limpieza, visita www.preguntaleanatalia.com y para volverte una experta te recomiendo los libros de Lourdes Souza.

Ten un costurero en tu lavandería, siempre es más fácil pegar botones o cocer dobladillos en el momento que te das cuenta que generalmente es antes de echar la ropa a lavar.

---

[7] Souza, Lourdes, *Limpieza profesional, y Cuidado de ropa y textiles*, Ed. Trillas, 2011, México, D.F.

Reciclaje

Tirar la basura no es suficiente, tenemos la obligación de separarla. Es lo mínimo que nos corresponde si tomamos en cuenta la cantidad de basura que generamos con nuestro patrón de consumo.

Si cada uno asumimos esta responsabilidad, vamos a ayudar a reducir la cantidad de basura en el planeta, a facilitar la tarea de selección y reciclaje, a contribuir en la producción de composta para fertilizar áreas verdes y, de paso, cooperar un poco para hacerles menos ingrata y más digna la tarea a quienes trabajan en la recolección, separación y reciclaje de la basura. Además, de disminuir los riesgos para su salud.

Es sorprendente todo lo que se puede reciclar. Podemos separar cada "elemento" y llevarlo a los centros de acopio y reciclaje (en las escuelas y supermercados suelen recibir PET, tetra brik, periódico...) o al menos enjuagar todo lo reciclable en un bote o bolsa para que los trabajadores de la basura ya se encarguen de dividir.

Basura orgánica

Los residuos orgánicos son los desechos de origen animal o vegetal, desde la cáscara del plátano y el cascarón del huevo hasta los huesos del pollo.

Las servilletas de papel, bolsitas de té, residuos de café etc., se pueden depositar en este bote.

Si tienes jardín, te recomiendo hacer una composta y aprovechar esa tierra rica en propiedades para tus macetas y plantas.

Basura inorgánica

Los residuos inorgánicos son todas las bolsas, empaques y envases de plástico, vidrio, papel, cartón, PET, tetra brik y metales.

Aquí también entran los deshechos electrónicos, los aparatos eléctricos, los textiles, etcétera.

El chiste es reciclar lo más posible los residuos inorgánicos y, para ello, es importante tirarlos ya enjuagados y libres de materia orgánica.

Latas:
Enjuagar antes de tirar. Puedes separarle el ganchito con el que se destapan y juntarlos para donarlos. Las latas de refrescos se pueden aplanar para reducir el tamaño.

Tetrabrik:
Enjuagar y aplastar.

Vidrio:
Enjuagar y separar.

Pet:
Aplastar y poner la tapa.

Periódico, revistas, cartón y papel:
Tirar por separado para reciclar. Se pueden vender en los centros de acopio.

Desechos tóxicos o contaminantes

En el caso de las pilas, el aceite de cocina y de autopartes, los aparatos electrónicos y todo aquello que pueda contaminar los mantos acuíferos, se deben desechar dentro de contenedores bien cerrados para que no choreen (puedes usar el frasco de la mayonesa bien enjuagado y seco para ir echando tus pilas usadas, por ejemplo). Existen muchos centros de acopio para este tipo de desechos en distintos puntos de reciclaje, incluso en el supermercado a la vuelta de tu casa.

Bolsas de plástico: son un desastre ecológico (aunque ahora ya hay biodegradables). Evita generar este tipo de basura. Lleva tus bolsas de tela o reutilizables al supermercado. Las que vayan saliendo al menos úsalas para la basura (así ya no tienes que comprarlas) y las que no quieras, como las de la tintorería, tíralas por separado (te las reciben en contenedores especiales en algunos supermercados). Los desechos biológicos/infecciosos como jeringas y material de curación hay que meterlos en un contenedor aparte indicando su contenido.

Organización de la limpieza diaria y periódica en casa

En la película "La Dama de Hierro"[8] cuando Dennis, el novio de Margaret Thatcher, le pide matrimonio ella dice que sí pero le advierte:

"I love you so much, but I will never be one of those women who stay silent and pretty on the arm of her husband, or remote and alone in the kitchen, doing the washing up, for that matter. One's life must matter. Beyond of the cooking and the cleaning and the children, one's life must mean more than that. I cannot die washing a tea cup. I mean it."[9]

Justo al final de su vida, cuando va a terminar la película se le ve lavando su propia taza de té, pero eso tiene un significado muy distinto porque ella es quien decide cuándo y cómo lavarla.

La limpieza y mantenimiento varían mucho entre una casa y otra. No es lo mismo limpiar un estudio o departamento pequeño que una casa de dos o tres pisos. No es lo mismo hacerlo solo que tener quien nos ayude. Aquí te doy unas ideas generales para que las adaptes a tus necesidades.

---

[8] "La Dama de Hierro", película inglesa biográfica basada en la vida de Margaret Thatcher del 2011, dirigida por Phyllida Lloyd.

[9] Te amo, pero jamás seré una de esas mujeres que permanecen calladas y hermosas del brazo de su esposo, o apartadas y solas en la cocina lavando los platos, en tal caso. La vida de uno debe importar. Más allá de cocinar y de limpiar y de los niños, la vida propia debe significar más que eso. No puedo morir lavando una taza de té.

Todos los días:

- Ventilar: abre las ventanas al menos treinta minutos al día. Si vives en zona de polvo, ciérralas luego para que tu casa no se ensucie.
- Sacar la basura de baños, habitaciones y cocina.
- Separar y reciclar los deshechos.
- Sacar la ropa sucia de las habitaciones y separarla de una vez en la zona de lavado: ropa blanca, de color y oscura. Tener un canasto o bolsa para lo delicado y otro para la tintorería. Si hay algo percudido, como los calcetines de tus hijos que eran blancos y ahora son grises, de una vez échalos a remojar en pura agua fría. Ten siempre una tina de remojo en la zona de lavado o, incluso, una cubeta en la regadera: recoge el agua en lo que sale caliente, aprovéchala para trapear, remojar o para el WC.
- Tender la cama. Es deprimente llegar a casa después de una jornada de trabajo y encontrarla destendida.

En Egipto, Babilonia, Grecia y Roma: la cama ha tenido que pasar por varias formas para convertirse en el mueble que hoy usamos durante una tercera parte de nuestra vida para descansar.

Fue en la Edad Media que se retomó el uso de la cama y se fue convirtiendo en el sitio para parir, morir, procrear y descansar. Luego, durante el Renacimiento, los italianos y franceses se encargaron de devolverle a la cama la fastuosidad que tuvo durante el Imperio Romano y generaron una industria alrededor de la fabricación de estos muebles y sus respectivos cojines, techos y cortinas confeccionados en sedas, lanas, brocados y terciopelos.

Luis XVI fue famoso por recibir en la cama a la Corte y hay registro de que tuvo 413 camas para poder variar porque le encantaban.

Hasta el siglo XIX la habitación fue un lugar bastante público y por eso la gente le daba importancia a vestir la cama para mostrarla a las visitas. Pero, hoy en día, el dormitorio es cada vez más un espacio reservado para el descanso y la intimidad, apartados de los ojos de los demás. Chico, grande, sencillo u ostentoso, lo importante es que cada quien haga de su dormitorio un espacio para descansar y cargarse de energía, solo o acompañado.

· Guardar la ropa del día anterior que no es para lavar, evitar la torre de ropa encima de una silla.
· Guardar los juguetes de los niños o que los guarden ellos antes de irse a dormir.
· Alimentar a las mascotas y limpiar su arenero, si es gato, y su excremento si es perro.
· Lavar los platos, eso sí se tiene que hacer todos los días y, de preferencia, después de cada comida.
· Barrer y trapear la cocina.
· Limpiar las cubiertas de la cocina.
· Tender las toallas después de bañarse, idealmente al sol o de perdida sobre una silla para que se sequen y no huelan a humedad.
· Tapar la pasta de dientes, los champús, ordenar y secar las cubiertas del baño, enrollar el tapete y dejarlo paradito en la esquina de la tina o regadera para que no acumule moho. Toma dos minutos hacerlo y hará toda la diferencia al volver del trabajo.

Un día sí y un día no:
· Tallar el WC por dentro con un cepillo: primero poner algún producto para desinfectar la tasa y dejarlo reposar diez minutos y luego tallar. Es muy importante jalarle después para que se enjuague. No se recomienda echar productos en el tanque porque pueden dañar las tuberías y a veces sólo disfrazan la suciedad. Si aparece una raya gris a nivel del agua se puede tallar con lija suave.

A mí me gusta desinfectar el asiento y la taza por fuera con las toallitas desinfectantes desechables. No hay que olvidar limpiar la base y también por atrás, en el espacio entre la pared y la taza.

Usar el "trono" para ir al baño nos distingue de los animales, pero no siempre han existido los WC tal y como lo conocemos hoy en día, y, a la fecha, siguen sin estar accesibles para todo el mundo.

*Desde mi punto de vista, ese sistema de "eliminación" es, probablemente, uno de los mejores inventos de la Civilización, porque, entre otras razones prácticas y de privacidad, no se me ocurre **nada** más desesperado que la angustia por acceder a un baño cuando más se necesita.*

Encontré datos que atribuyen los primeros sistemas de drenaje a los griegos, por ahí de 2000 a.C. Luego, por miles de años, bastó con hacer un agujero con una fosa profunda en la tierra, un poco de cal para desintegrar la evidencia y eliminar olores: en esto ha consistido el principio de la letrina que, por cierto, debe estar lo suficientemente lejos para no incomodarnos con el recordatorio permanente de su existencia y lo suficientemente cerca para evitar accidentes.

Y cuando no había letrinas, se usaba la famosa bacinica. El problema es que cada quien la ocupaba de acuerdo a su necesidad y luego, sencillamente, arrojaban sus desechos a la calle.

El problema era que, cuando no había agua de por medio, el olor se estancaba y, literalmente, la "porquería" no fluía para desaparecer. Ante la apremiante necesidad de aire fresco, fue surgiendo la idea de depositar todo en un canal con agua corriente y, eventualmente, en 1956, se llegó al brillante invento: se le atribuye el primer diseño a Sir John Harrington (los ingleses se refieren también al invento como "John" en honor de su creador), y fue el primer tanque con una válvula de desagüe, asiento y conexión al drenaje, confeccionado para la Reina Isabel I. Alexander Cummings lo patentó en 1775 y en 1861 fue Thomas Crapper quien lo industrializó. Desde el siglo pasado se ha vuelto muy popular, se ha bautizado como re-

trete, WC (que significa Water Closet), inodoro... y se le han dado muchos giros tecnológicos. Lo que es un hecho es que, tener acceso a uno, es un privilegio al que me parecería imposible renunciar.

- Lavar conforme se vaya juntando la ropa: no gastar agua ni jabón en una carga con tres calcetines, pero tampoco esperar a que se acumule lo de un regimiento.
- Doblar lo que no es de planchar, idealmente, recién salido de la secadora para que quede más estiradito y suave e ir juntando lo que sí se plancha. Planchar dos veces por semana debería ser suficiente. Si no tienes ayuda y planchar no es lo tuyo, tal vez vale la pena invertir en una planchaduría, no sale tan caro: lleva tus camisas ya limpias y a los dos días te las devuelven hasta con el cuello y puños almidonados. Tal vez es un pequeño lujo, pero quizá sea más valioso tu tiempo.
- Sacudir los tapetes de los baños y de las recámaras.

Una vez por semana:
- Sacudir los muebles, cuadros, cornisas de ventanas, estantes, etc....
- Barrer y trapear: algunas áreas necesitan más de una vez a la semana. También puedes aspirar pasillos y recámaras en vez de barrer y trapear (sólo trapea donde realmente haga falta como el baño, la cocina y el comedor, por ejemplo).
- Considera invertir en una buena aspiradora con rueditas que no lastime el piso y con accesorios para cortinas, esquinas, libros, etc.
- Pasar la aspiradora en alfombras, tapetes, cortinas y sillones.
- Limpiar vidrios de mesas y espejos.

- Cambiar sábanas y toallas, no tienen que ser todas el mismo día, pero sí todas una vez por semana.
- Llevar la ropa a la tintorería y recoger la de la semana anterior.
- Reparar lo que no sirva y sacar los pendientes (ponerle la tapa a un zapato, arreglar el cierre de la maleta, cambiar el cable de algún electrodoméstico, enmarcar un cuadro, etc.). De esta manera evitarás que se te acumulen pendientes y objetos en mal estado.
- Hacer las compras e ir al mercado (a mí me da mucha pereza ir al supermercado y quizá por eso me funcionó dedicarle un día fijo, así ya lo tengo asumido y casi aceptado y la compra se vuelve más eficiente). No olvides hacer bien la lista del supermercado y tener planeados tus menús de antemano.

Cada dos semanas:
- Limpiar el refrigerador, sacar la comida que ya no sirva, lavar los cajones y asear las repisas.
- Barrer el garaje si es cerrado, hacerlo más seguido si es descubierto. Puedes tallar el piso con jabón usando una escoba y luego lo enjuagas pero, por favor, nunca a manguerazos. —Pocos hechos me ponen tan de malas y me vuelven tan agresiva como ver a la gente lavando sus banquetas con la manguera. Si tienes casa con terraza y exteriores, considera invertir en un sistema de lavado con agua a presión.
- Lavar todos los botes de basura. Si son de plástico con agua y jabón, incluso con unas gotas de cloro, pero si son de mimbre aspíralos y pásales un trapo. Las bolsas de plástico se ven horrendas en los botes de la casa, de preferencia ponlas sólo en la cocina y botes de reciclaje.

Guía para limpiar por áreas:

Este libro no es un manual de limpieza, para eso, recomiendo el que ya mencioné de Lourdes Souza. Pero, si lo que quieres es una guía práctica para organizar rápidamente la limpieza de tu casa, aquí te van algunas ideas.

Asegúrate de tener todo el equipo que necesitas para limpiar, desde la escoba hasta la aspiradora, pasando por los productos específicos que requieras, según los materiales de que esté hecha tu casa.

- Puedes armar tu "carrito" de limpieza dentro de una cubeta. Lo único importante es que tengas separado el equipo que utilizas para limpiar los baños del que utilizas para el resto de la casa.
- Para evitar confusiones puedes asignar colores distintos. Arma una cubeta con todo rojo, por ejemplo: para los baños, y usa otro color para el resto de la casa. La idea es que cada quien se acomode con lo que prefiera y que se aproveche primero lo que ya se tiene en casa antes de salir a comprar más productos. —Yo no soy tan partidaria de comprar tantos productos porque se gasta una fortuna, es poco ecológico y se puede resolver perfecto la mayoría de la limpieza con agua, vinagre, bicarbonato y algún jabón en polvo biodegradable.

Los baños:

- Sacar la basura todos los días.
- Tender las toallas mojadas al sol o meterlas a la secadora. Lava las toallas una vez por semana y antes si es necesario, sobre todo las de manos que se ensucian más. (¡Ojo!: me parece un crimen lavar las toallas y sábanas todos los días, es un "lujo" inconsciente que el planeta no soporta más).
- Lavabos, se limpian con una fibra, recomiendo una blanca que es especial para baños, también puedes usar un poco de jabón biodegradable o el mismo líquido que usas para trapear pero diluido en un atomizador. Luego secas con un trapo y puedes abrillantar las llaves del agua que suelen ser de acero inoxidable con un trapo seco (me encantan los de microfibra porque quitan todas las manchitas y huellas sin ningún esfuerzo).
- WC: lo primero, siempre jalar la cadena. Yo uso un gel especial que se coloca en toda la orilla de la taza, por dentro, y se deja reposar diez minutos. Mientras, con una toallita desinfectante de las desechables (con una es suficiente) limpias la tapa del asiento por los dos lados y luego el borde de la taza. Revisas la base del WC por donde se atornilla y la parte de atrás. Ya que terminaste de limpiar, tiras la toallita a la basura y así evitas andar pasando los gérmenes a otro lado.
- Cuando ya pasaron los diez minutos, tallas con el cepillo especial, de esos redonditos con base, la taza por dentro y pones especial atención a las orillas de la "boca" de la taza. Jalas la cadena nuevamente y voilà!
- La cancelería de la tina y/o regadera la puedes secar con el trapo de microfibra para que el cristal o acrílico no quede manchado de gotas blancas. No gastes en líquido

para vidrios, usa agua con vinagre blanco en un atomizador.

- Las paredes de la regadera se pueden tallar con la misma fibra blanca que el lavabo, también con jabón de polvo biodegradable o líquido para pisos diluido en el atomizador.
- Llaves y accesorios de acero inoxidable se secan con el trapo de microfibra.
- Los champús, cremas, y demás productos de baño, se limpian bien con el trapo húmedo. Si hay jaboneras y juguetes, hay que lavarlos bien para que no se llenen de moho. También hay que lavar los vasos de los cepillos de dientes con agua y jabón. Puedes desinfectar los cepillos de dientes dejándolos media hora en un vaso con un chorrito de enjuague bucal.
- Barrer y trapear.
- No olvides pasarle un plumero de vez en cuando a los domos y esquinas del techo.
- Limpiar el espejo con agua y vinagre.

Las habitaciones:
- Ventilar todos los días al menos por treinta minutos y dejar la cama destapada, mientras te puedes bañar, arreglar, desayunar...
- Sacar la ropa sucia.
- Guardar los zapatos, colgar la ropa limpia y ordenar.
- Tender la cama.
- Barrer y trapear o aspirar cuando "toque" sillones, colchones, cortinas, esquinas, libreros...
- Pasar un plumero de vez en cuando a las lámparas, focos, ventiladores, techos y paredes.
- Sacudir los adornos después de barrer y trapear: una

brocha de pintor que sea ancha y de cerda suave es de muchísima utilidad para sacudir adornos con ranuras, relieves, cuadros, marcos, etc.

· Pasar un trapo húmedo al teléfono y los controles de la tele y, de vez en cuando, limpiarlos con una toallita desinfectante desechable o alcohol.

· Cuando te acuerdes, pasa un algodón con alcohol a los apagadores y contactos. Están llenos de mugre y gérmenes.

· Pasar un trapo húmedo a las mesas de cristal y sacudir en seco toda la madera. No uses tanto producto para madera, sólo la opaca y no es necesario embarrarla de grasa.

· Si el piso es de duela, lo mejor es barrer o aspirar y no mojar.

Las escaleras:
Parece obvio pero más vale repetirlo, hay que barrer de arriba hacia abajo con la escoba, colocándose en el escalón de arriba para que el polvo no caiga sobre nuestros zapatos. Hay que abarcar todo el escalón de un lado al otro y dejar caer la basura y el polvo al escalón que sigue de manera rápida para que no salga todo el polvito volando. Cuando se llega hasta abajo, se recoge toda la basura en el recogedor. Si viene al caso, hay que trapear.

Especialmente en las casas donde hay niños, hay que revisar las paredes de las escaleras, suelen estar llenas de "manitas". Puedes usar un trapo húmedo o, si la pared es de color, borrar las manchas con una goma de migajón para no decolorarla.

La cocina:
Ya mencioné algunos tips cuando hablé de cómo organizar la cocina, pero de una vez te doy otras recomendaciones que no salen sobrando:

- Hay que acostumbrarse a no dejar nada fuera de su lugar. Si usaste la licuadora, limpia la base con un trapo, desarma bien el vaso para lavar las aspas y guárdala.
- Es importante sacar la basura todos los días, especialmente la orgánica si no tienes triturador.
- Lavarse las manos antes y después de cocinar.
- Lavar los platos y dejarlos escurrir.
- Lavar las tarjas del fregadero después de lavar todos los platos y tirar la basurita orgánica que queda en las coladeras.
- Escurrir y lavar la charola del escurridor para que no se haga viscosa ni se manche.
- Limpiar las cubiertas de la cocina con trapo húmedo en el sentido de la veta (la madera y el acero inoxidable tienen veta y hay que seguirla). Recomiendo usar esponja o de las fibras "cero rayas" y aprovechar el jabón de los platos. No es necesario tanto producto.
- Sacudir con trapo húmedo los aparatos que están sobre la cubierta.
- Pasar un trapo húmedo por fuera de puertitas y cajones y sobre entrepaños de alacena donde haga falta.
- Barrer y trapear, pero asegurarse de no usar la misma jerga o trapeador que se utiliza en el baño.
- Los botes de basura, cepillos de las escobas, tablas para picar y trapos de cocina se deben desinfectar periódicamente por separado, se les puede poner unas gotitas de cloro.
- Cuando algún cajón o repisa esté sucio o desordenado, ordena y limpia en ese momento, no esperes a que "toque" hacer limpieza de fondo.
- Limpiar la campana con agua y jabón o con un spray anti grasa de manera periódica para que no se haga cochambre.

- Limpiar el microondas, el refrigerador y el horno cada vez que haga falta, con agua tibia con bicarbonato y un trapo. No usar jabón ni productos químicos dentro del micro ni del refri. Hay que limpiarlo bien a fondo al menos cada quince días.

Pregúntale a Natalia: usos domésticos del bicarbonato de sodio

Estoy segura que todo mundo conoce el bicarbonato de sodio pero, seguramente, muy pocos saben todas las maravillas que se pueden hacer con él. Se conoce como "carbonato ácido de sodio" y lo venden en cualquier supermercado o farmacia.

Es soluble en el agua, biodegradable y bastante accesible. Tiene varios usos prácticos que ahora te voy a decir. Cuando se expone a un ácido, se descompone en dióxido de carbono y agua, por eso se usa mucho en panadería como levadura y también para producir refrescos. También es el componente principal de los polvos extintores de fuego. En Perú se usa para suavizar el sabor del té de coca, digamos que es a la coca lo que para nosotros sería el azúcar para el café. Algunas personas lo usan, incluso, para lavarse los pies.

En repostería:
Se usa para hornear porque genera burbujas de aire en la masa y eso le da una textura más esponjosa. Es un gran antiácido, ya que alivia el dolor de estómago y la indigestión ácida. Sólo hay que tener cuidado de no tomarlo con leche porque puede ser contraproducente, ni se debe mezclar con otros medicamentos porque puede contrarrestar su efectividad.

En el área de la belleza:

Te puedes preparar un baño de tina con una taza de bicarbonato, se van a producir unas cuantas burbujas pero no pasa nada, sirve de relajante muscular. Además, como neutraliza los ácidos, es un desodorante natural. Para una mascarilla exfoliante casera sólo necesitas una parte de agua por tres de bicarbonato. Con esa pasta, exfolia tu cara con cuidado, luego enjuaga y ponte tu crema.

Para blanquear los dientes puedes agregar un poco de bicarbonato directo en tu cepillo humedecido y tallártelos suavemente, de preferencia antes de dormir y sólo durante una semana. ¡Ojo!: no hay que abusar porque las encías se sensibilizan.

Para la limpieza:

Es ideal para limpiar el refrigerador. Lo primero es sacar las partes removibles y lavarlas en el lavabo con el detergente para platos. Para las partes fijas, lo ideal es disolver dos cucharadas de bicarbonato en medio litro de agua tibia y, con esa agua, empapar una esponja suave o un trapo, se exprime y se limpia muy bien toda la parte interna.

En los huequitos y ranuras, puedes usar un cepillo de dientes suave y tallar cualquier mancha o resto de comida. Aprovecha para pasarle un trapo húmedo a los frascos que luego quedan pegajosos y embarrados.

El bicarbonato es un gran limpiador y además ayuda a eliminar los olores.

Nunca uses cloro ni amoniaco para limpiar tu refrigerador.

Si después de lavar el refrigerador le sigue quedando un leve olor, asegúrate que sus contenedores de comida estén bien cerrados. Nunca metas ningún alimento sin tapar. Sólo va a oler feo y va a terminar contaminado. Vale la pena invertir en unos buenos recipientes herméticos para que la comida no se eche a perder.

Deja un vasito o frasco con bicarbonato en polvo, ese sí destapado, dentro del refrigerador en un lugar que no estorbe, va a ayudar a absorber los olores. Puedes cambiarlo cada dos o tres meses.

Para la ropa:

Otro uso para el bicarbonato es que desmancha el óxido: prepara una pasta con bicarbonato y jugo de limón y talla la mancha. Puedes usar un cepillito de dientes para no maltratar la prenda y dejarla al sol un rato, así untada, y luego la lavas como de costumbre.

Otra mancha común es la del maquillaje que se adhiere al sacarnos la ropa por la cabeza o, incluso, al traerla puesta, sobre todo en la zona del cuello. En esos casos, si la prenda se puede lavar en casa, hay que espolvorear la mancha directamente con el bicarbonato, humedecer un cepillo de dientes para tallarla y lavarla como de costumbre. Si la mancha de maquillaje no sale con el bicarbonato puedes usar el jabón de tocador verde clásico, que las abuelas siempre tenían en su casa, y con eso tallar la mancha antes de lavar la prenda. Este jabón verde también sirve para manchas de grasa y lo consigues en el supermercado en el área de los jabones de tocador.

Pregúntale a Natalia: usos domésticos del vinagre

El vinagre blanco, el que se usa para cocinar, pero que también se puede comprar a granel y es muy barato, es una joya para la limpieza. Aquí te paso varios usos prácticos.

Para sarro en vidrios y acero inoxidable:

Todos han visto que en los vidrios o en los canceles del baño se quedan marcadas unas gotitas blancas cuando se secan, o que lo mismo sucede con las llaves del agua que son de acero inoxidable. Prepara una tercera parte de vinagre blanco por dos terceras de agua, dentro de un atomizador. Con esa mezcla puedes limpiar, de ahora en adelante, vidrios y regaderas y verás que te ahorras un dineral.

Recomiendo usar un trapo de microfibra pero recuerda que se debe lavar con agua fría y tender a la sombra. Nunca le pongas suavizante ni lo metas a la secadora.

Para la ropa:
Todos hemos padecido la horrenda mancha amarilla que se va formando en las camisas y camisetas, especialmente notoria en las blancas, por la zona de la axila. El vinagre también sirve para prevenirla y disminuirla.

Antes de echar a lavar tus camisas, rocíalas bien con el vinagre sin diluir (vacíalo en un atomizador) y déjalo unos minutos en lo que la lavadora se va llenando, luego échalas a lavar como siempre.

Te vas a dar cuenta que el vinagre ayuda bastante, idealmente sirve para prevenir la mancha o sea que lo mejor es pre—tratar así siempre las camisas y camisetas, desde antes de la primera lavada porque entre el sudor y el desodorante, seguro se van a ir percudiendo con el uso.

Si la mancha ya apareció, el vinagre ayuda a desaparecerla poco a poco pero, si de plano está tan tiesa que sólo saldría con tijeras, mejor convierte tus camisas y camisetas en trapos para sacudir.

Si la ropa es blanca, tenderla al sol ayuda a blanquearla.

Para desmanchar café y té negro:
Todos sabemos que el café y el té manchan bastante, no sólo la ropa, sino también los dientes y hasta las tazas. Ahora bien, si quieres blanquear tus dientes ve al dentista y, si quieres blanquear tus tazas, usa unas gotitas de cloro. Pero, si a tu ropa le cae encima cualquiera de estas dos bebidas, lo primero que tienes que hacer es absorber con una toalla o con servilletas de papel todo el exceso. Después, si se puede hacer de inmediato mucho mejor y si estás fuera de tu casa lo haces en cuanto regreses, dejas remojando la prenda en una cubeta de agua con una o dos tazas de vinagre blanco media hora antes de lavarla con el detergente de siempre.

Para limpiar la cafetera:
Para eliminar los depósitos minerales o el sarro de la cafetera eléctrica lo único que tienes que hacer es llenar el tanque con mitad de agua y mitad de vinagre blanco y encenderla. Cuando ya se haya vaciado la mitad del agua con el vinagre en la jarra, apaga la cafetera y déjala reposar durante una hora. Luego la vuelves a encender y deja que el ciclo termine para que toda el agua que quedaba en el tanque se pase a la jarra. Después, haz dos o tres ciclos de pura agua para que se enjuague bien y tu cafecito no sepa a ensalada.

¡OJO!: No siempre se recomienda usar el vinagre para sacar el sarro de las planchas porque pueden soltar un líquido café a la hora de estar planchando con el vapor y manchar la ropa. Es preferible comprar el líquido especial que venden para limpiar la plancha por dentro o, simplemente, colocar la plancha sobre una rejilla (puedes usar la rejilla del horno y colocarla en una superficie que no se queme con el vapor) y dejar correr todo el vapor a máxima temperatura. Eso sí, cada vez que termines de usar la plancha, hay que sacarle toda el agua que haya quedado en el depósito. Eso va a ayudar a que el sarro no se quede en la plancha.

¿Cómo organizar una mudanza?

Mudarse puede significar el comienzo de una nueva etapa y llenarnos de ilusión ante la novedad, pero si no lo hacemos de manera planeada y con cierto nivel de orden, puede convertirse en una pesadilla.

Aquí van algunas ideas que te pueden ayudar:

Equípate

Si no quieres gastar en cajas de cartón empieza a juntarlas con anticipación, las puedes pedir en la parte de atrás del supermercado, donde los proveedores descargan la mercancía. De paso pídeles a tu familia y amigos que te vayan juntando más.

Necesitas varios plumones/marcadores, fleje, tijeras, hojas para ir armando el inventario, plumas, plástico de burbujas para proteger objetos delicados, periódico para envolver cristales, espejos y cuadros...

Divide y vencerás

Lo más pronto posible, dos o tres meses antes de la mudanza, empieza a "depurar" tus pertenencias, cuarto por cuarto.

La idea es ir dividiendo todo lo que revises en cuatro. Primero, arma una pila de cosas para *tirar*. Segundo, otra para *donar/ regalar*. Una tercera para *vender,* (si organizas una buena venta de garage podrías pagar los gastos de la mudanza). Cuarta y última para conservar. Seamos realistas: si no depuras **antes** de la mudanza, va a ser difícil que lo hagas después, así es que por más ocupado que estés, dedícale tiempo y deshazte de todo lo que ya no usas, no te queda o no te gusta, desde ropa y zapatos hasta platos, manteles, toallas, adornos y electrodomésticos.

Lo que no hayas usado en un año, mejor ni te lo lleves, haz feliz a alguien y dónalo. Verás qué felicidad es instalarte ligero en tu nuevo hogar.

Organízate

Ve haciendo una lista de todos los lugares y servicios que tendrás que notificar del cambio de domicilio. Puedes guiarte con el correo en papel y electrónico que te vaya llegando.

Trata de ir consumiendo la comida que tengas, especialmente la del refrigerador y congelador. Da, poco a poco, todo lo de la despensa que no te quieras llevar. Evita regalar alimentos abiertos, a menos que tu hermana te "pida", con toda confianza, esa mayonesa que ya está empezada. Varios días antes de la mudanza, vacía el refri y desconéctalo para que se descongele con tiempo.

Empaca cuarto por cuarto. Marca las cajas con el nombre de cada cuarto ("cocina", "baño niños", "cuarto de tele") para que no revuelvas, por ejemplo, las cosas de la cocina con las del baño. Además, numera las cajas ("cocina 1; cocina 2... cocina10") y trata de levantar, en una lista aparte, un inventario general del contenido de cada caja. Parece una tarea de titanes pero, en verdad, te va a solucionar la desempacada y vas a quedar instalado muy rápido.

Primero empaca los adornos y todas las cosas que no sean de primera necesidad. Trata de empezar, al menos, dos semanas antes de la mudanza, pero si son cinco ¡mejor! Si lo haces poco a poco será menos agotador.

Los objetos pesados deben ir en cajas más pequeñas y de preferencia escribe sobre la caja si son cosas frágiles o pesadas.

Puedes usar las cajas más grandes para los objetos que no pesan y rellenarlas más.

Aprovecha las maletas para guardar la ropa de los cajones. Lo ideal es que la del closet no la descuelgues de los ganchos para hacer más fácil su acomodo en la casa nueva. Usa una sábana para envolverla o pídele al señor de la mudanza un perchero de rueditas para llevar la ropa colgada. También puedes irla llevando y arreglando poco a poco en viajes que hagas a la nueva casa antes de la mudanza general.

Notifica a la escuela de tus hijos tu nueva dirección y teléfono.

Si te mudas de ciudad o país y necesitas cambiar de médico y veterinario, pídeles copias de tus historias clínicas y de los récords de tus mascotas. No olvides hacerle una nueva plaquita a tu perro con el teléfono actualizado.

Recoge la ropa de la tintorería y cualquier cosa que hayas mandado a arreglar.

Asegúrate que tu casa nueva esté limpia antes de guardar las cosas, revisa los cajones y gabinetes antes de mudarte. Trata de hacer una limpieza profunda de baños y cocina.

Si puedes, lleva personalmente, poco a poco, las plantas, para que no se maltraten y no olvides regarlas.

El día de la mudanza, asigna un área específica de la casa nueva, puede ser un cuarto para que no estorbe el paso, para que vayas acomodando ahí las cajas que están por llegar.

Ve desempacando de una en una, acomodando conforme vayas sacando para que no se haga un desastre interminable. Es preferible desempacar menos cosas cada día, pero guardarlas bien acomodadas ya en su lugar definitivo que tener todo regado.

Una vez instalado, haz una lista de los teléfonos de emergencia y de los servicios básicos que te corresponden, por ejemplo, el hospital más cercano, veterinario, policía, bomberos, fugas de gas, farmacia, pizzas...

Saca tu nueva credencial de elector.

Manda un *mail* a tus contactos con tu nueva dirección y teléfono.

¿Ya estás instalado? Arranca con el pie derecho tu nueva etapa de vida en ese lugar. ¡Qué placer llegar ligero y bien organizado para disfrutar tu reciente hogar!

¿Cómo organizar y mantener limpio el coche?

Si eres de los privilegiados que se mueven en coche, también tienes que aceptar que pasas en él mucho más tiempo del que te gustaría. Y, si encima tus pasajeros frecuentes tienen de cero a quince años de edad, seguramente vives amenazado por la presencia de una flora y fauna diversa: cereal, pañuelos desechables con mocos, papelitos de las estampas del Mundial, algún calcetín olvidado bajo el asiento del copiloto y los restos de los dulces de la última piñata.

Respira profundo y acéptalo, pero no lo asumas, mejor haz algo para transformarlo en un espacio más amigable para sobrevivir a los embotellamientos y no sucumbir ante tus impulsos asesinos cuanto te topes con una manifestación. Construye tu pequeño oasis sobre ruedas en diez pasos:

·   Saca todo del coche, desde lo de la guantera hasta lo de la cajuela, pasando por cada compartimento.
·   Tira la basura inmediatamente.
·   Mete todo lo que no debería estar en el coche en una bolsa y llévatelo: la revista del mes pasado, la receta del médico, las pantuflas de tu hija y el disfraz de *Spiderman* **no** tienen nada que hacer en la cajuela.
·   Aspira los asientos y, si son abatibles, no te desmayes, mejor prepárate para enfrentar lo que sea: puedes encontrar cualquier cosa ahí debajo. Si es el caso, aprovecha para quitar y lavar la sillita del bebé, echa a la lavadora la funda y con una toallita desinfectante limpia su estructura.
·   Pasa la aspiradora dentro de las bolsas de los respaldos de los asientos del piloto y copiloto, aspira y pasa un trapo húmedo a la guantera y portavasos; no olvides aspirar la cajuela.

- Acomoda en la guantera los documentos del coche y revisa que no falte nada: el seguro, la tarjeta de circulación, la hoja de la verificación (y, de paso, checa cuándo toca) y el manual de usuario y control de servicios mecánicos.

- Guarda en la consola los cd´s, una libreta y una pluma, el adaptador del *ipod*, el cargador del celular y el manos libres. Es buena idea tener una linterna pequeña y checar las pilas periódicamente.

- Deja a la mano unos pañuelos desechables, unas toallitas húmedas (en las cajas de los supermercados venden unas de bolsillo si no quieres unas tan grandes), un paraguas y una Guía Roji®. No olvides una botella de agua.

- Revisa que en la cajuela esté la llanta de refacción en perfecto estado, las herramientas, los cables para pasar corriente, el extinguidor y, si quieres, ten una lata de aceite para el motor y para la caja automática, anticongelante y líquidos para frenos y parabrisas.

- Te recomiendo que en una cajita de plástico con tapa traigas lo básico de un botiquín de primeros auxilios y unas tijeritas. Si tienes hijos pequeños, trae un par de pañales, unas toallitas húmedas y una muda básica de repuesto. Una cobijita y una almohada pequeña nunca sobran. Mete todo en una pequeña caja con tapa para que no se ensucie y déjalo en la cajuela o en el piso del asiento trasero, dependiendo de la edad de tus hijos.

- Si quieres ser ecológico, trae siempre tus bolsas para el supermercado.

- Revisa cuándo le toca el cambio de aceite y el servicio mecánico. Checa niveles y la presión de las llantas con frecuencia, lo puedes hacer cuando cargas gasolina.

- Lava el coche por fuera, de vez en cuando vale la pena pagar el autolavado para que quede como nuevo o contrata a tu hijo preadolescente para que lo haga.

- Llévalo a pulir y encerar (al menos una vez al año y de preferencia antes de la época de lluvias).
- Ten siempre una bolsa o un botecito para la basura y ya no permitas que se acumulen chácharas o cochinadas.
- Saca todo lo que no viene al caso y la basura del día cuando llegues a tu casa. Lava tu coche una o máximo dos veces a la semana. Por favor sé consciente y no lo laves ni diario ni a manguerazos, no desperdicies el agua, con una cubeta es suficiente.

En tu coche

- Usa **siempre** el cinturón.
- Los menores de doce años nunca deben ir en el asiento delantero.
- Llévate tu cafecito en las mañanas, pon tu música y no dejes el alma en el periférico, no vale la pena.
- Resiste la tentación de *twittear, chatear, facebookear* o *whatsappear* mientras vas manejando.
- No pongas en riesgo tu vida ni la de los demás: cualquier llamada o mensaje puede esperar.

Recuerda los programas *Hoy no circula* y el de la verificación.

Terminación de Placa	Todos los vehículos sin verificación cero "0" y doble cero "00" no circulan de 05:00 hrs. a 22:00 hrs.		
Amarillo 5 y 6	Lunes	Primer sábado del mes	De lunes a viernes de 5:00 hrs. a 11:00 hrs. no circulan vehículos foráneos* sin verificación cero "0" ó "00"
Rosa 7 y 8	Martes	Segundo sábado del mes	
Rojo 3 y 4	Miércoles	Tercer sábado del mes	
Verde 1 y 2	Jueves	Cuarto sábado del mes	
Azul 9, 0 y permisos	Viernes	Quinto sábado del mes	*Autos paticulares tipo Van y Pick Up

¿Cómo organizar los bolsos, zapatos y otras adicciones?

—Cuando era pequeña, una de las cosas que más disfrutaba era ponerme los zapatos de mi mamá. Por alguna extraña razón el ruido de los tacones al caminar y traer su bolso colgando me hacían sentir muy importante.

No sé si desde entonces me quedó una fijación o, sencillamente, no he podido superarlo, pero es un hecho que tengo un fetiche. No importa si son caros, baratos, si son de marca o de artesanía, cada uno encierra miles de historias y son una forma más de expresión.

Estos accesorios son parte de mí, van amoldándose a mis estados de ánimo y me acompañan a dondequiera que voy. Algunos son "escupitajos" de la temporada, otros son auténticas inversiones y, algunos más, un placer en sí mismos.

Confieso también que más de una vez cedí a la obscena tentación de estrenar, empujada por la estúpida ilusión de llenar algún vacío existencial (obvio, sin éxito o, al menos, no duradero). Ya sé que, como muchas mujeres y hombres ahí afuera, tengo más de lo que puedo usar y por eso decidí enfrentar mi obsesión y liberarme de varios.

Aquí comparto una estrategia para depurar, organizar y poner orden. Aplica para todo lo que hay en tu clóset, desde el bolso de diseñador hasta los accesorios de la temporada.

Recuerda hacer tres divisiones: lo que se queda, lo que se regala y lo que se tiene que arreglar o de plano se tiene que ir. También puedes vender bolsos, prendas y accesorios entre tus amigos o, incluso, llevarlos a una tienda de consignación.

Lo primero es hacer un recuento de los excesos: júntalo todo, observa con frialdad y no flaquees. Piensa cada cuánto cambias de bolso: ¿nunca?, ¿cada temporada?, ¿todos los días?

Es importante que tomes esto en cuenta a la hora de ejecutar el exterminio. Tomada la decisión, no mires atrás. ¡Da el paso, sin piedad!

· Puedes prescindir de lo que no hayas usado en un año, tíralo, regálalo o dónalo.

· Separa lo que necesite reparación: algún cierre, tirante o broche roto o descompuesto. De una vez, ya que estás en el clóset, checa si falta la tapa de algún tacón, la hebilla de un cinturón o, simplemente, reponer las maripositas de atrás de los aretes. O lo arreglas esta semana o de plano ya lo jubilas.

· Si de plano ese bolso que era tu favorito ya está muy usado, gastado, deforme o raspado... va para afuera.

· El estilo *"retro"* o *"vintage"* es una moda, pero cuidado con lo que ya no viene al caso.

· Separa cada montón y mete en bolsas de plástico lo que se va.

· Ahora, tienes que decidir cómo vas a guardar lo que se queda: algunos bolsos y zapatos vienen en una bolsita de tela al comprarlos, vale la pena conservarlas para protegerlos del polvo; si no traían, puedes hacer unas muy sencillas con alguna telita mona y así evitas que se ensucien, especialmente si son de ante o de lana.

· Puedes usar cajas de plástico transparentes, que son fáciles de limpiar. Se pueden apilar y te dejan ver lo que hay dentro o aprovechar las cajas de cartón de los zapatos, sirven igual para bolsos o para zapatos. Una opción es tomarles foto y colocarla como indicador por fuera de cada caja o, sencillamente, pegar una etiqueta de qué es el contenido. Aquí la logística y el nivel de obsesión depende de cuántos tengas, puedes separarlos en "bolsos de noche", "bolsos de playa", "bolsos de diario", "bolsos negros", etc. Deja correr la imaginación y crea tu propia taxonomía.

· Lo que uses más seguido lo puedes colgar a la mano en algún lugar del clóset o en un perchero. Lo que uses menos puede ir en la repisa más alta de tu clóset.

· Puedes aprovechar el impulso y de una vez usar este mismo sistema para depurar y organizar tus accesorios. Para los sombreros, vale la pena invertir en cajas rígidas para que no se deformen. Para los cinturones, venden unos ganchos muy prácticos en las tiendas de clósets y contenedores.

Aprovecha para redescubrir lo que tienes, disfruta volver a usarlo y haz feliz a alguien más con lo que ya no usas.

Para que no te dé flojera andar cambiando de bolso, acomoda todo en un organizador. —Yo compré uno en una tienda de esas grandotas especializadas en artículos para casa y clóset. Me ha servido bastante para cambiar de bolso en un segundo, por lo tanto, uso más todos los que tengo. Además, es una gran opción para atacar el caos que se genera dentro de los bolsos, que, de por sí, ya es tema aparte.

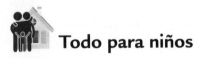 ## Todo para niños

¿Cómo organizar sus espacios y juguetes?

Los juguetes de los niños parecen multiplicarse solitos, como por generación espontánea. Entre los cumpleaños, Navidad, janucá, las visitas de los abuelos y lo que se les va pegando cuando vamos a comprar el regalito para alguien más, nuestros hijos terminan teniendo muchos más juguetes de los que pueden realmente disfrutar. Y, de la mano con el escuadrón de peluches, juegos de mesa, hombres de acción, legos y demás parafernalia, llega, inevitablemente, el caos.

Algunas veces se nos va el día sin éxito, muriendo en el intento de ordenarlos. En otras ocasiones, los, pobres niños se quedan frustrados porque, con tal de que no hagan un desastre, no les permitimos jugar libremente.

Lo ideal es que puedan hacerlo pero que luego se hagan responsables de poner todo en su lugar. Obvio, en la medida de sus posibilidades según su edad. Si no quedan perfectos no pasa nada, pero ya no necesitamos pasarnos el día acomodando.

Clasifica:

Cada juguete debe tener su lugar. Es muy práctico clasificarlos por grupos para que sea fácil guardarlos y que no se revuelvan, porque es desesperante cuando un juego de mesa o juguete ya no sirve porque se le perdió una pieza.

Hay que hacer una clasificación en "montoncitos" por grupos o temas:

· Instrumentos de música, aquí entra desde el xilófono profesional hasta las maracas que te trajiste de la boda de tu sobrina.

· Comidita.

· Disfraces.

· Marionetas.

· Barbies con todo y su Ken, la ropa y el Ferrari.

· Animales.

· Hombres de acción.

· Cara de papa en todas sus versiones y tamaños.

· Juegos de mesa y dentro de cada caja es muy bueno usar bolsitas de plástico resellables para que las fichas, tarjetas, dados, etc., no se pierdan.

· Rompecabezas.

· Lego, y aquí vale la pena tener subdivisiones porque son piezas muy chiquitas. Puedes usar bolsitas, por ejemplo, para separar los legos de *Star wars* de los de Indiana Jones y, si quieres ser muy precavido, en una cajita de cerillos o de metal, de esas chiquitas, puedes meter las pistolitas, tacitas, espaditas y demás...

Para clasificar las distintas piezas pequeñas, desde los zapatitos de las muñecas hasta los utensilios de la cocinita, venden unas cajitas muy prácticas de todos los tamaños que son de plástico transparente y se cierran herméticamente, como los contenedores de comida (que pueden usarse para esta misión).

Asígnales un lugar:

Una vez que los juguetes están clasificados por grupos, todo dependerá del espacio disponible para guardarlos. Lo más fácil es "aventar" cada grupo en una caja o en una canasta, no importa que estén desordenados ahí dentro. Lo importante es que tengan un lugar definido y que sea fácil de regresar todo a su lugar para que tus hijos lo hagan.

Para usar como contendores se pueden aprovechar las cajas de los zapatos y hasta los niños pueden decorarlas un día que no sepas qué hacer con ellos. También sirven las de plástico transparente porque son fáciles de apilar y de limpiar, se cierran herméticamente si es necesario.

También puedes comprar canastas en el mercado y hacerles un forro de tela para no astillarse, que se ajuste con resorte. Se pueden meter a la lavadora o, si dispones de más presupuesto, venden unas cajas muy monas con moñitos, cuadritos, de tela, de cartón, etc., todo depende de cuánto te quieras gastar. —A mí me encantan también los botes y recipientes de lámina galvanizada, se ven muy padres y, si tienes niñas, le puedes pegar unos listones o espiguilla con silicón frío.

Identifícalos:

Finalmente, hay que ponerle una etiqueta a cada caja o canasta, de esa manera, los niños van a saber dónde va cada juguete y, de paso, es una "guía" para los amigos que vengan a jugar y ayuden a recoger todo antes de que se vayan. Así te evitas el típico *"¿y dónde va esto?"* o peor aún, que te guarden todo revuelto. También es básico, si tienes empleada doméstica, para que sepa dónde poner cada uno.

Si tus hijos ya saben leer, pueden hacer unas tarjetas de las típicas blancas que hay en varios tamaños y escribir en cada una *"PLAYMOBIL"* o "LEGOS" y, si todavía no saben leer, toma una foto bonita de la Barbie y la pegas en la caja correspondiente. Te recomiendo llevar a enmicar la tarjeta o la foto a la papelería para que quede bien protegida y rígida, luego le pones cinta adhesiva o silicón y la pegas en la caja.

—Una amiga me pasó un tip muy bueno: las espadas de *Star wars* y armas similares quedan perfecto en una cubeta, bien paraditas.

Si tus hijos son bebés, hazlo tú solo, pero si ya son un poco más grandes, es muy bueno que ellos te ayuden a separar, clasificar, incluso, a poner a *Batman* en pose para la foto de la tarjeta. Ese ejercicio los involucra con el proceso y los familiariza con el nuevo "orden" y, entonces, van a querer guardar todo con más gusto y ganas.

No hagas todo en un sólo día porque vas a tener tal caos al principio que me vas a querer ahorcar. Ve lentamente, puedes empezar por darte una vueltecita en el cuarto de tus hijos y ve haciendo una clasificación mental.

Recuerda que los juguetes deben estar al alcance de los niños para que los puedan sacar solos, fácilmente y sin peligro de que se les venga todo encima. Sus juguetes son para jugar, no para estar en exhibición.

Guarda bien las piezas pequeñas de los juguetes,
si tienes bebés se las pueden tragar.

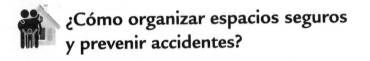 ## ¿Cómo organizar espacios seguros y prevenir accidentes?

¿Por qué la prevención y la seguridad son esenciales para alcanzar el buen vivir?

Antes de ser profesionista o esposa o cualquier otra cosa, soy madre. Y, como además soy mamá gallina, el sentimiento materno me aflora "globalmente" y me tomo el bienestar y la calidad de vida de todos los niños del mundo como algo personal.

Revisé algunas cifras de la Organización Mundial de la Salud (OMS) sobre las principales causas de muerte infantil por lesiones no intencionales y me quedé aterrada. Por eso, me pareció muy importante compartir esta terrible realidad y, por lo tanto, quiero correr la voz para contribuir a evitarlas.

Aclaro que existen muchas medidas de educación vial, de primeros auxilios, de legislación y programas públicos en materia de prevención y protección civil, pero te paso algunos datos e ideas para que, desde este momento en casa, hagas una diferencia.

Estoy segura que no importa si somos hombres o mujeres, ni si somos madres o padres o no tenemos hijos, siempre podemos ayudar, de alguna manera, a prevenir accidentes a nuestro alrededor.

¿Sabías que hasta 40% de las muertes en niños a nivel mundial son resultado de lesiones no intencionales? ¿Sabías que estos accidentes fatales podrían evitarse con ciertas medidas preventivas muy básicas y fáciles de implementar? Para que te vayas dando una idea, las cinco principales causas de muerte por accidente, según la OMS, van en este orden:

1. Accidentes de tránsito. Mueren 260 mil niños al año en todo el mundo y 10 millones sufren lesiones. Estos accidentes son el principal motivo de muerte entre los niños de diez a diecinueve años y son una de las principales causas de discapacidad.
2. Ahogamiento. Al año fallecen 175 mil menores y sobreviven 3 millones. Las lesiones cerebrales, en algunos niños, son severas.
3. Quemaduras con fuego. Mueren 96 mil niños al año en todo el mundo. En general, este tipo de accidentes van ligados al ingreso económico y podrían evitarse si se implementarán políticas públicas en materia de prevención: la tasa es once veces mayor en los países de bajos ingresos y medios que en los de ingresos altos.
4. Caídas. Fallecen 47 mil niños al año y cientos de miles sufren lesiones.
5. Intoxicaciones no intencionales. 45 mil menores mueren cada año a nivel mundial.

Entonces, ¿qué podemos hacer a la voz de ya? Las medidas preventivas pueden tener un impacto muy alto y positivo para mejorar la calidad de vida de los niños y sus familias. Desde este segundo nosotros podemos asegurarnos de implementar ciertas precauciones para evitar accidentes:

Accidentes de tránsito

Existe una serie que me encanta y realmente recomiendo por muchas razones, *Mad Men*, que transcurre a finales de los años 50's y principios de los 60´s en Estados Unidos. En un programa de la serie hay una escena donde la mamá va manejando sin el cinturón de seguridad puesto, fumando, y los dos hijitos, niña y niño, van echando relajo también sin el cinturón y pasándose de atrás para adelante por encima del asiento.

Esa escena era perfectamente normal y creo que yo crecí así en los setenta. Pero eso ya a nadie se nos ocurre o no debería. De sobra sabemos que tenemos que usar siempre el cinturón de seguridad, llevar a los niños pequeños en sillas para coche adecuadas y amarrarlas según las instrucciones, no dejarlos ir en el asiento delantero hasta que tengan doce años. —Cada vez que veo señoras y señores que llevan a los niños manejando en sus piernas me dan ganas de bajarme y llamarles la atención.

También hay que proteger a los niños con cascos aptos para su tamaño cuando anden en bici y, para quienes decidan —aunque confieso que no lo entiendo— subirlos a una moto, con más razón. Asimismo, vale la pena protegerlos con casco, rodilleras y coderas si andan en patines o patinetas.

Se debe ser muy estricto con los menores en la calle, siempre nos tienen que dar la mano y andar atentos al caminar. Y, antes de dejarlos andar solos, esa decisión dependerá de cada familia, se les debe enseñar a cruzar la calle en las esquinas.

Ahogamiento

Debemos cuidar que cerca de los niños no haya objetos pequeños que se puedan meter en la boca, incluso hay que ser muy precavido con algunos juguetes y dulces con los que puedan ahogarse.

Las paletas son más seguras que los caramelos, nunca permitas que se duerman con un dulce en la boca y evita los chicles de bola, se pueden asfixiar.

¡Ojo!: con todos los plásticos que puedan asfixiarlos. **Nunca** hay que dejar que se pongan las bolsas en la cabeza —también fue muy desconcertante ver a la niña de *Mad Men* jugando con su hermano, metida dentro de la bolsa de la tintorería pero, aparentemente, a nadie le parecía peligroso en esa época.

Jamás hay que dejar a los niños solos en la tina o regadera. No se debe contestar el teléfono o atender el timbre porque esos segundos pueden ser fatales. Cuando sean un poco mayores y ya se bañen solos, **nunca** deben cerrar la puerta con llave al bañarse porque, en caso de emergencia, no se les podrá atender con rapidez.

Enseña a nadar a tus hijos, invertir en clases de natación es un seguro de vida.

Los cordones de las persianas y de las cortinas no deben estar al alcance de la cuna ni de la cama, aunque los niños sean más grandecitos. Se han registrado muchos accidentes por estrangulamiento.

Quemaduras
Cuando cocines pon siempre los mangos de los sartenes hacia atrás y, de preferencia, usa las hornillas traseras de la estufa para calentar ollas.

Nunca dejes tazas de café, té o sopa caliente al alcance de los niños, no hay que subestimarlos. —A mí se me quemó mi hija con un café que dejé sobre una revista en mi escritorio, sólo dos minutos en lo que iba rapidísimo al baño. De puntitas jaló la revista y se le vino el café encima. No voy a relatar la odisea por la que pasé, hoy por hoy, afortunadamente, está perfecta, pero sí terminamos en el hospital con quemaduras de segundo grado.

Ten mucho cuidado con la temperatura del agua de la llave, si son niños pequeños siempre debes verificarla antes de que se laven las manitas o de meterlos a bañar.

Nunca les permitas jugar con cerillos o encendedores. Ni los adultos ni los niños deben dormirse cuando hay veladoras o velas encendidas, aunque sean de aromaterapia y parezcan inofensivas. Cuando la luz se vaya y uses velas, verifica que todas queden apagadas en cuanto la luz vuelva.

Al planchar la ropa asegúrate de que los niños no estén cerca, podrían jalar o tropezar con el cordón. Mientras la plancha esté encendida jamás la desatiendas.

Caídas
Asegura cerraduras y herrajes de puertas, ventanas y balcones. No dejes al alcance de los niños escaleras ni bancos, ni muebles que puedan servirles para trepar.

Intoxicaciones y envenenamiento
Deja los medicamentos y productos de limpieza lejos del alcance de los niños. Utiliza contenedores que no puedan abrir y ponlos en repisas altas para que no los alcancen. Nunca guardes productos de limpieza y mucho menos algún producto tóxico como cloro o thinner en ninguna botella de agua o refresco.

Evita tener en casa productos químicos.

Y, para seguridad en general, agregaría:

Proteger los contactos eléctricos y ser muy claros al decirles que no pueden tocarlos ni meter objetos. —A mí me daba igual si se metían un dedo en la nariz y se comían el moco, pero mis dos hijos sí conocieron mi lado oscuro cuando pretendieron meter un lápiz en el enchufe. Venden unas tapitas transparentes para los contactos normales y actualmente ya hay unos contactos con sistema de seguro integrado. También les quedó claro que ellos solos no pueden usar la secadora de pelo.

En la medida que vayan creciendo y, de acuerdo con su edad, explícales por qué no pueden usar ellos solitos los aparatos electrodomésticos. Por ejemplo: hay que aclararles que **nunca** deben meter metales al microondas, desde frascos con etiquetas metálicas o de aluminio hasta cubiertos.

No dejes en la cocina o en la casa, en general, ni cuchillos ni tijeras, ni objetos filosos al alcance de su mano. ¡Ojo!: con las herramientas y los utensilios de carpintería y jardinería.

Me parece que la clave para los adultos que estamos alrededor de niños, es saber qué explicarles, qué negociar y en qué ser inflexible. No debemos subestimarlos a ellos ni a su creatividad, porque muchas veces los accidentes suceden, simplemente, por una buena intención con falta de conocimiento.

Poner un poco de cuidado en nuestra casa puede ayudarnos a prevenir accidentes y a mejorar la seguridad. Con esas medidas dormiremos un poco más tranquilos y estaremos mejorando, de forma muy concreta, nuestra calidad de vida. Es, sin duda, un camino más para acercarnos al buen vivir.

SEGUNDA PARTE

ORGANIZA Y DISFRUTA
TU VIDA PÚBLICA
O
MANUAL PARA SOBREVIVIR
A LA LOGÍSTICA DE LOS EVENTOS
Y LA VIDA SOCIAL

CAPÍTULO 1

HOSPITALIDAD Y BUEN VIVIR: PARA PLANEAR EVENTOS Y RECIBIR INVITADOS

POR EL PURO PLACER DE RECIBIR INVITADOS

Me gusta mucho estar con mi gente y cuando me involucro en algo, me encanta meterme hasta la cocina... y disfruto, especialmente, hacerlo de forma literal. Para mí cocinar es un placer que puedo disfrutar cualquier día, en cualquier momento. A veces me siento como Rémy, el ratoncito de *Ratatouille*[1], pero me imagino que, en vez de tener al chefcito escondido en el sombrero, traigo muy cerca a mis abuelas: Marina y Marichu, soplándome sus secretos de cocina para llenarme de inspiración, llevándome de un ingrediente a otro para improvisar mis preparaciones.

A mis dos abuelas, una gallega y la otra vasca, les debo mis "dotes" culinarios, no me queda duda de su herencia maravillosa y a mi padre, le debo la bendición de saber apreciar y disfrutar la buena comida y la buena bebida. Seguramente, gracias a ellas y también a él, es que para mí experimentar con sabores, textu-

---

[1] Ratatouille, es una película animada estadounidense del 2007, dirigida por Brad Bird.

ras, temperaturas, colores y olores, es una manera de entrar en contacto conmigo y, luego, de expresarme con los demás.

Aclaro que no pretendo ser una profesional de la cocina ni me voy a inventar títulos que no tengo, pero siempre he sido *reaplicada* a la hora de aprender las técnicas culinarias en todos los cursos que he tomado y seguiré tomando y, justamente, lo que más disfruto es darme oportunidad de experimentar y de inventar según me vaya llegando la inspiración, sin tener que ser tan rígida en el método y las cantidades.

Algunas veces encuentro en la cocina un espacio para desconectarme del mundo, pongo la música que me gusta, a veces me sirvo una copa de vino para empezar y, de vez en cuando, busco nuevos retos para aprender algo distinto.

A veces intento recetas más complicadas que encuentro en los libros o en Internet, y se vuelve un desafío conseguir todos los ingredientes y, en algunas ocasiones, tengo que darme el chance de equivocarme. Pero siempre, preparar algo rico es mi manera de entregarme a los míos y recordarle a mi gente que es especial para mí.

Todos los preparativos, desde pensar en el menú, elegir los ingredientes, poner la mesa, escoger el mantel y acomodar las flores, son una extensión del placer de cocinar y una saboreada por anticipado del rato que voy a compartir con aquellos que quiero.

Cuando me esmero para recibir a mis invitados, me acuerdo de *"El festín de Babette"*[2]. Esta película, que me parece una obra de arte y podría estar entre mis favoritas, muestra perfecto cómo darse a los demás es una forma de hacerlos felices y, al mismo tiempo, de hacerse feliz a uno mismo.

---

[2] "El festín de Babette", película danesa, ganadora del Óscar como mejor película extranjera en 1987, dirigida por Gabriel Axel, basada en un cuento de Isak Dinesen (Karen Blixen).

Además, entregarse a través de un festín, con el gozo que implica para todos los sentidos, me parece una forma exquisita, literalmente, de lograrlo.

Planear, preparar, organizar y transformar lo cotidiano en especial, para luego disfrutarlo también con quien decidamos compartirlo, es un gran placer para mí y, sin duda, es la esencia de lo que considero el buen vivir.

Puede ser una tarde de jueves, un domingo en familia o mediante un evento extraordinario, lo importante es entregar el corazón y disfrutar lo que estamos preparando: desde pelar las zanahorias hasta subirnos en unos tacones espectaculares para dar luz verde y arrancar con el pie derecho nuestra celebración del día.

Aparte, no necesito razones para recibir invitados porque pocas actividades me gustan tanto como reunirme con mis amigos y mi familia.

Recibir en casa es para mí una manera de darme a los otros, compartir con ellos el tiempo, la comida y el vino sobre una mesa linda, con la comida rica y bien presentada, en un ambiente a gusto, es mi forma de recordarles que son importantes para mí.

Eso sí, en cualquier evento, lo más preponderante, siempre, tienen que ser las personas. Ninguna vajilla o cristalería ni ningún platillo o bebida "de alcurnia" deben ser más importantes que nuestros invitados. Por eso no es esencial que nuestro equipo de comedor sea lujoso ni es relevante qué tan sofisticado o extravagante resulte el menú, eso son sólo accesorios y no se necesita mucho dinero para montar algo lindo y ofrecer algo
está en el toque que nosotros le demos.
ación puede ser cualquiera: celebrar un
aguante de un aniversario más, ofrecer
amigos o a quienes se mudan de país,

comunicar el matrimonio de quien creíamos que no saldría ni en una rifa, tirar la casa por la ventana por un nacimiento, compartir un merecido ascenso en el trabajo o festejar la tan esperada titulación, recibir al jefe o, sencillamente, darse el puro gusto de pasar un buen rato con los amigos. Lo importante es juntarse, esforzarse un poco para hacer de la ocasión algo especial y pasarla bien con la gente que queremos.

PARA SOBREVIVIR AL RECIBIR

 ## ¿CÓMO ORGANIZARSE PARA PLANEAR UN EVENTO?

Para María Ofelia Pasquel

Para organizar una fiesta infantil, sigue estos tips y luego vete al último capítulo de esta segunda parte.

Ya dije que para mí siempre es un placer recibir invitados, pero también es un hecho que, al ser anfitrión, para que nuestro evento salga bien se requiere de planeación y organización. Hay que tomar en cuenta el objetivo o el pretexto de cada evento: saber quiénes son, cuántos son y por qué los estamos invitando, nos va a ayudar a definir qué tipo de "evento" planear.

Debemos tener en cuenta la capacidad de nuestra casa (no podemos meter a cincuenta personas sentadas en un departamento pequeño) y los recursos tanto económicos como de equipo y de personal con que contamos.

Parece una frivolidad, pero para escoger el menú, hay que tomar en cuenta la época del año, la hora y el tipo de evento —a nadie se le antoja un pozole al medio día en pleno verano, ni un gazpacho para cenar en pleno invierno. Lo mismo para saber qué tipo de servicio nos conviene más (¿tenemos meseros para un servicio ruso o mejor para un inglés?), definir el estilo de mesa que vamos a montar, buffet informal o mesa súper elegante, ¿cómo haremos la invitación, electrónica o más formal con invitaciones impresas?, y qué serviremos de aperitivo ¿tequila y cerveza o mejor unas margaritas de tamarindo o unos martinis?

Definir el tipo de evento

El tipo de evento es una especie de concepto general que tiene que ir de acuerdo con el motivo del convite. Definirlo bien, desde el principio, va a ayudar a que cada decisión y cada paso de la logística, desde qué flores poner hasta qué menú servir, sean mucho más certeros.

Hay que tomar en cuenta el "motivo" del evento porque, aunque suene obvio, no es lo mismo organizar un *baby shower* que una despedida de soltera, y considerar el clima, porque la época del año ya no es garantía y, en función de eso, hay que elegir un horario y decidir entre:

- Un desayuno.
- Un *brunch* o almuerzo.
- Una comida.
- Un servicio de té.
- Una cena.
- Un cóctel o brindis.

Decidir el tipo de servicio
Servicios formales

Francés:

Un par de mis escenas favoritas de película son de *Pretty Woman*[3], una comedia romántica, divertida y taquillera de 1990. —Es la versión moderna y muy hollywoodense de La Cenicienta. Vivian y Edward van a tener su primera cita, entonces Vivian le pide a Barney, el conserje del hotel, que le enseñe a usar los cubiertos para dominar la situación. Barney le enseña perfecto, pero no prevé que, y aquí viene otra de las escenas que más me gustan, van a pedir caracoles ni que les van a traer un sorbete después del plato fuerte. Ese tipo de menú y servicio son, justamente, el perfecto servicio francés.

El servicio francés es el más elegante y formal de todos, pero ¡ojo!, porque mal servido puede ser un desastre por pretensioso. Los meseros, vestidos con uniforme impecable y perfectamente capacitados, sirven los alimentos desde un carrito que se llama "gueridón"[4].

Es un servicio muy completo y costoso porque va con platillos sofisticados que requieren mantelería, vajilla y cristalería fina, por lo tanto, se necesita más personal: dos meseros para cada diez personas. El mesero pasa de comensal en comensal para que cada uno se vaya sirviendo por la izquierda. Solamente la sopa la sirve el mesero, por la izquierda también. Al terminar cada tiempo[5], el mesero retira los platos sucios por el lado derecho.

---

[3] *"Pretty woman"* película estadounidense de 1990, dirigida por Garry Marshal.

[4] Es una mesa de centro pequeña, a menudo circular, que sirve de apoyo a los meseros y también se conoce como "servicio gueridón". Esta clase de mueble se originó en Francia hacia mediados del siglo XVII, y solía tener columnas o esculturas mitológicas como base.

[5] Así se le llama a cada platillo en la secuencia del menú.

Es el tipo de servicio ideal en comidas o cenas muy formales con un número reducido de invitados. En cuanto al menú, se sirven varios tiempos:

· Entremés o entrada.
· Sopa.
· Plato fuerte.
· Sorbete para limpiar los sabores del paladar (con el que Vivian se confundió creyendo que era el postre).
· Se cierra con un carrito de quesos y/o postre.

Al final, viene el servicio de café, té y licores, que, junto con las demás bebidas, son los únicos que se sirven por la derecha del comensal. Los licores se entregan ya servidos en la copa correspondiente, no es igual la copa de coñac que la de oporto. Los digestivos son las únicas bebidas que se llevan a la mesa ya servidos.

Ruso:
Este también es un servicio formal y elegante pero más rápido. Se usa mucho en los banquetes elegantes de boda. El mesero lleva la comida en los platones, sin embargo, él es quien le sirve a cada comensal por el lado izquierdo (en el servicio francés cada quien se sirve, y el mesero sólo detiene el platón). Desde luego, puede apoyarse en un gueridón. No se ofrece el sorbete entre tiempos ni los quesos. El menú incluye:

· Entremés o entrada.
· Sopa.
· Plato fuerte.
· Postre.
· Servicio de café, té y licores.

Servicios informales

Americano:
Es un servicio muy rápido y conveniente en banquetes grandes y, aunque sea más informal, puede lucir perfecto. La comida ya sale "emplatada" de la cocina, pero los platos se montan cuidando mucho la presentación y se le entregan directo al comensal, siempre por su izquierda.

El menú va así:

· Sopa, es la única que el mesero sirve directamente a cada comensal para que no se enfríe, por eso no sale ya servida en cada plato como los demás tiempos.
· Entremés.
· Plato fuerte.
· Postre.
· Servicio de café y té.

Nota: Los digestivos no siempre se ofrecen.

Inglés:
Es el tipo de servicio más común en casa cuando se tiene poco personal de apoyo para llevarse los platos y servir las bebidas. El anfitrión/a es quien atiende directamente a sus invitados pero, aun así, hay cierto protocolo que se debe cuidar. Un asunto es que el tipo de servicio sea informal y otro, muy distinto, que se haga un desastre en la mesa pasando los platos sin orden ni cuidado. Depende, totalmente, del anfitrión cuidar que el estilo y los buenos modales no se pierdan aunque sea un evento informal.

Lo ideal es montar una mesita cerca de donde se sienta el anfitrión porque es quien va a ir sirviendo y pasando los platos, de mano en mano, por su lado izquierdo. Al terminar de comer, los comensales le hacen llegar los platos sucios al anfitrión por su lado derecho, tratando de hacerlo con el mayor cuidado posible.

Buffet:

Es un servicio más informal y casual, pero de igual manera puede lucir si lo hacemos con ganas a la hora de montar las mesas y los platillos. La gracia está en los detalles: se colocan todos los platillos en una mesa y cada comensal pasa a servirse. Es importante cuidar que el mantel esté impecable y planchado. Se puede decorar la mesa con flores o frutas (las esculturas de hielo las dejamos para los hoteles).

Es un tipo de servicio ideal en un evento informal con varios invitados en casa cuando no se tiene mesero. Lo más bonito es presentar el buffet en dos tiempos o en mesas separadas: las entradas y platos fuertes primero, y ya que se haya retirado todo, se presenta una barra de postres.

Cada vez es más común montar barras de café, de postres y de bocadillos, que pueden ir desde quesos y frutos secos hasta una variedad de dulces, *cupcakes* o las modernas y novedosas *cakepops* [6], chocolates y frutas enchiladas.

Cóctel:

Un cóctel puede ser más o menos formal, todo depende del tipo de bocadillos que sirvamos y del ambiente que generemos. Los invitados pueden estar sentados o de pie. Se ofrecen canapés salados y después dulces que pueden ir fríos o calientes. Los meseros van presentando las charolas entre los invitados, pueden llevar platitos de cóctel y cubiertos, además de las servilletas.

Lo ideal es usar servilletas de cóctel de tela porque las de pa-

---

[6] Los cupcakes son los tradicionales panquecitos tipo mantecada pero decorados y lucen bastante. Las cakepops son paletas redondas de panque, generalmente de chocolate, decoradas artística y finamente con figuras y colores inimaginables. Visita en Facebook la página: Cake Pops by Ruth Bezanilla. Son ideales para todo tipo de eventos.

pel son muy informales o, en todo caso, habría que usar de las servilletas de papel más pequeñas y de mejor calidad (ahora se consigue una inmensa variedad y pueden ser decoradas). También las bebidas se pasan en charola.

Es un servicio ideal cuando se recibe a mucha gente y si no se trata de un evento muy largo porque la gente no puede estar a gusto si está mucho tiempo de pie. Generalmente, el objetivo es brindar o festejar a alguien, así se trate de una titulación profesional, la presentación de un libro, un ascenso o un brindis navideño entre amigos o colegas de oficina, por eso, no debe ser un evento tan largo.

Más adelante te pasaré los tips de etiqueta para comer y beber durante un cóctel.

✤ *Pregúntale a Natalia:* ¿cómo podemos sobrevivir los anfitriones sin personal de servicio?

En México decimos que tener ayuda de servicio en casa es la felicidad del hogar y es cierto, pero no indispensable. Si no tenemos la dicha de contar con personal y tampoco podemos contratar a un mesero, podemos resolverlo. Sin embargo, nos tenemos que organizar el doble y, dependiendo de nuestro número de invitados, presupuesto, espacio y equipo, podemos armar un evento de cualquiera de los tipos de servicio informal que acabamos de ver.

Sin duda, es muy cómodo contratar personal para que nos ayude, pero no siempre se puede y creo que no siempre es necesario. Para esos casos en que no tenemos ayuda en casa, tenemos que ser más eficientes y estratégicos, se puede armar un evento con mucho estilo aunque tengamos menos presupuesto y poco equipo. Sólo tenemos que cuidar, especialmente, la planeación y organizar todo muy bien para que nuestro evento no nos rebase.

Los anfitriones somos los encargados de la organización y planeación, pero siempre hay algún invitado de más confianza dispuesto a ayudarnos. No tiene por qué ser un problema si tomamos ciertas precauciones: para pasar a la mesa, basta con que la anfitriona indique que pasen a sentarse, como hacen los franceses, sólo llamen a sus invitados "*a table*"[7].

En estos casos, le tenemos que hacer como en el servicio inglés, o sea, el anfitrión es quien sirve y pasa. Acuérdate de tener una mesita de apoyo para hacer todo más fácil y dejar listo lo que haga falta, desde los cubiertos para servir hasta la sal, la pimienta y los protectores para colocar los platillos calientes si fuera el caso.

Primero se le sirve a la invitada mayor y/o de mayor "rango", por ejemplo: la abuela, la suegra o la jefa. Si queremos cuidar mucho las formas, esa persona de mayor rango o edad, debería sentarse a la derecha del anfitrión y es entonces la primera a quien se le pasa el plato servido. Luego, se le sirve a todas las mujeres, después al hombre de más edad o rango, quien está sentado, a su vez, a la derecha de la anfitriona, y se continúa con el resto de los hombres.

Lo más cómodo es ir pasando los platos en el mismo sentido, idealmente por la izquierda de la anfitriona. También se pueden ir pasando los platones y fuentes de izquierda a derecha para que cada quien se vaya sirviendo por su izquierda.

Para dar la señal de "empezar a comer", el anfitrión es quien empieza pero, obviamente, se tiene que esperar hasta que todos estén servidos. Los anfitriones se sirven hasta el final.

Al terminar, se van pasando los platos por la derecha del anfi-

---

[7] A la mesa.

trión o, si se levanta uno de ellos, va de lugar en lugar retirando los platos por la derecha de cada invitado. —A mí me parece horrible que los invitados se levanten de su lugar para ayudar porque se hace un relajo (como invitados, podemos ofrecer ayuda pero no es necesario ser tan "acomedidos" que nos pongamos a hacerle de mesero, no viene al caso ni es necesario) y me molesta que empiecen a pasar los platos y a encimar unos con otros, sin saber qué hacer con los cubiertos o, peor tantito, que se pongan a sacar los restos de comida de los platos en la mesa (**¡no, por favor!**).

Por eso, al terminar, sólo los anfitriones o, si acaso, algún invitado de más confianza, a quien se le pide el favor desde antes, retiran los platos por la derecha de cada comensal. Hay que llevar todo a la cocina en charola para que no quede nada amontonado a un lado de la mesa del comedor, pero no es el momento de ponerse a lavar o enjuagar los platos para meterlos en el lavavajillas ni tampoco de ponerse a levantar la cocina. Se dejan los platos y se vuelve de inmediato a estar con los invitados.

Durante la cena, los anfitriones, y esta es una tarea especialmente asignable a los caballeros, deben cuidar que a ningún invitado le falte pan ni agua. Poner suficientes salseras y saleros en la mesa, desde el principio, evita que nos los pidan en el último momento. Entre menos vueltas tengamos que dar, mucho mejor. Se supone que el anfitrión no debería tener que levantarse para nada de la mesa durante la comida —es un reto que yo nunca logro superar aunque me lo propongo cada vez.

A nadie le debe faltar vino y una mujer jamás debería tener que servirse ella misma ni el vino ni el agua, o sea que cualquier caballero, a falta de anfitrión, puede correr la cortesía.

Uno debe siempre servirse por la izquierda y luego pasar el platón a quien tengamos de lado derecho, para que esa persona a su vez, se sirva por su izquierda.

Si algún invitado trajo algo de regalo, desde un aperitivo o botella de vino hasta chocolates, se puede compartir con el resto de los invitados pero, si prefieres guardarlo para otro día, porque es un manjar o porque no alcanza para todos, no pasa nada, no es ninguna grosería con quien los haya traído.

Recapitulando...

Para que el evento salga bien, es muy importante tomar en cuenta:

- Motivo de la celebración.
- Tipo de evento.
- Número de invitados.
- Gustos y/o costumbres de los invitados.
- Presupuesto, equipo y personal disponible.

El motivo del evento depende de nosotros, se vale hacer una reunión "por el puro gusto" y ser espontáneo y creativo, porque a veces estos eventos, sin tanta producción, terminan saliendo mejor que los muy elaborados.

Lo más importante es acordarnos siempre que no se trata de lucirnos ni de ser ostentosos, sino de disfrutar la compañía de las personas. Entre más a gusto se sientan nuestros invitados, mucho mejor.

Tendiéronse en el suelo, y, haciendo manteles de las hyerbas, pusieron sobre ellas pan, sal, cuchillos, nueces, rajas de queso, huesos mondos de jamón, que si no se dejaban mascar, no defendían el ser chupados, pusieron asimismo un manjar negro que dicen que se llama cavial, y es hecho de huevos de pescados, gran despertador de la colambre. No faltaron aceitu-

nas, aunque secas y sin adobo alguno, pero sabrosas y entretenidas. Pero lo que más campeó en el campo de aquel banquete fueron seis botas de vino, que cada uno sacó la suya de su alforja; hasta un buen Ricote, que se había transformado de morisco en alemán o en tudesco, sacó la suya que en grandeza podía competir con las cinco.

Comenzaron a comer **con grandísimo gusto y muy de espacio, saboreándose con cada bocado,** *que le tomaban con la punta del cuchillo, y muy poquito de cada cosa, y luego, al punto, todos a una, levantaron los brazos y las botas en el aire; puestas las bocas en su boca, clavados los ojos en el cielo, no parecía si no que ponían en él la puntería; y desta manera, meneando las cabezas a un lado y a otro, señales que acreditaban el gusto recebían, se estuvieron un buen espacio, trasegando en sus estómagos las entrañas de las vasijas.*[8]

Toma en cuenta la logística y las limitaciones de la vida real, desde el tipo de evento, y el grado de formalidad hasta el de invitados. Piensa también en el espacio disponible para sentarse a la mesa y/o en la sala. Por ejemplo: se puede hacer un buffet y sentarse en la sala[9] o en el jardín.

Si es una reunión más formal, tenemos que ajustarnos al número de comensales que quepan sentados en nuestro comedor o considerar rentar mesas adicionales. También hay que pensar que si la vajilla, cristalería, cubiertos y platones de servicio no alcanzan, tenemos que rentar más equipo o pedirle prestado a la suegra o a la mejor amiga.

---

[8] Cervantes Saavedra, Miguel, *El Quijote de la Mancha,* Capítulo LIV, segunda parte.

[9] Existen unas tablitas que sirven como charolas que se colocan en las piernas. Se llaman Tidy Table y las puedes conseguir en el siguiente correo: raquelsg77@gmail.com

¿Cómo poner la mesa?

Una de las cosas que me hacen más feliz es sentarme a gusto en una mesa bonita, bien puesta y comer rico (casi siempre una comida sana que sepa bien y que no tome demasiado tiempo preparar). Un primer paso para lograrlo, es cuidar la mesa que ponemos únicamente para nosotros: desayuno, comida y cena. Cuando hay invitados, así sea para un buffet informal o para una cena de lo más elegante, aparte de estar bien puesta, debe estar lista antes de que los invitados lleguen. Se ve fatal que mientras van llegando, los anfitriones o el personal de servicio estén dando vueltas para preparar la mesa, la cubertería y la cristalería, así sea una taquiza o una cena de gala.

Es importante dedicarle tiempo a montar
una mesa bonita con todo lo necesario.

MESA DIARIO

MESA FORMAL

Mantelería

Mi abuela Marina me metió en la cabeza una obsesión por los manteles bien planchados, a veces también almidonados, y obviamente limpios.

Primero hay que colocar un molletón[10] debajo del mantel, la mesa "se viste" mejor, la hace más agradable, amortigua los golpes y el ruido, y ayuda a protegerla si es de madera. Lo puedes hacer tú mismo si compras la felpa por metro a medida de tu mesa. Es muy práctico ponerle resorte para que se ajuste a la superficie como si fuera una sabana de cajón, aunque también puede dejarse suelto, pero que nunca sobresalga del mantel.

Si pones un mantel calado, de encaje o deshilado, se supone que le deberías poner un bajo mantel que puede ser, incluso, de otro color para resaltar, como en las bodas en jardín. Cuando no pones ningún mantel puedes usar individuales o, simplemente, unos caminos, rebozos o mascadas directo sobre la mesa. Sólo hay que cuidar que estén muy bien planchados: no importa qué elijas ni qué tan formal sea el evento, siempre revisa que no tenga manchas ni más arrugas que las de los dobleces (esas marcas sí se valen, pero arrugas no).

Si vas a usar una vajilla muy cargada, con mucho estampado, lo ideal es utilizar manteles lisos. Si, por el contrario, quieres lucir un mantel muy elaborado o con texturas, es mejor que pongas una vajilla lisa.

Entre más formal sea el evento, más se acostumbran los tonos blancos y crudos.

---

[10] Es un tipo de tela o tejido suave, parecido al fieltro, pesado, que se usa debajo del mantel para proteger la mesa del calor y la humedad por el derrame de líquidos. Puede o no ser plastificado de un lado. Le da una apariencia mullida a la superficie y evita que el mantel resbale. No debe ser muy grueso porque las copas podrían voltearse. En la tienda donde compres la felpa te los pueden hacer.

Servilletas

Lo primero que recuerdo al pensar en las servilletas es en algo que aprendí de una querida maestra de la especialidad que me enseñó bastante sobre servicio de comedores y servicios de hospitalidad y a quien le dedico esta sección del libro. Confieso que me hizo reír, pero en el fondo me parece una humillación terrible y celebro que esta práctica haya desaparecido:

En la Antigua Roma, como no existían las servilletas ni los manteles, los comensales se limpiaban las manos chupándose los dedos o con un trozo de pan pero, en algunos casos, también frotaban sus manos en la cabellera de los esclavos y los perros.

¡No es broma!, para nada recomiendo usar al perro, pero tampoco sugiero poner servilletas desechables, a menos, ¡claro!, que se trate de un evento muy informal como una taquiza, mole o que estemos en una fiesta infantil y, para esos casos, vale la pena comprar unas servilletas estampadas.

Hay que revisar con anticipación que las servilletas no tengan manchas amarillas ni restos de comida o lápiz de labios y que estén bien planchadas con muy poco almidón porque es incómodo limpiarse cuando quedan rasposas. Si las servilletas iguales no alcanzan, se mezclan intercalando con cierto orden (hago lo mismo con las vajillas) pero, si es un evento formal, es mejor comprar una buena docena de servilletas blancas o rentar unas. (Si sabes coser, las puedes hacer).

En cuanto al tamaño de las servilletas, hay varias medidas:

- 60 x 60 cm en eventos de etiqueta (servicio francés y ruso).
- 40 x 40 cm para la mesa "normal", formal o informal.
- 30 x 30 cm para cóctel.
- 15 x 15 cm para servicio de té.

En un evento formal, servido por una casa de banquetes, no van a tener servilletero, esto es porque la casa de banquetes no tiene quinientos servilleteros y además, el servilletero empezó a usarse en casa para diferenciar las servilletas de tela de cada comensal y no tener que lavarlas diario.

Aunque ya se han popularizado y ahora hay unos muy lindos, de todos los tipos, colores y materiales, su uso es más informal o pensado, justamente, para la vida diaria familiar.

—Yo me acuerdo en casa de mi abuela, donde por un tiempo comía por lo menos tres veces por semana y siempre éramos muchos, cada quien tenía su propio servilletero y así cada quien identificaba su servilleta de tela, que se lavaba una vez a la semana cuando el mantel se cambiaba. En lo personal sí los pongo, incluso en eventos más formales que hago en casa.

Aprovecho para recordarles que la servilleta, al poner la mesa, se coloca de lado izquierdo o sobre el plato. No se pone ni dentro de la copa ni se aconseja hacer figuras con ella. Lo ideal es doblarla en triángulo o en rectángulo, esto es porque, por estar destinada a limpiarse la boca, queremos que sea lo menos manipulada posible, por un tema de higiene.

¿Qué hacemos con la servilleta al sentarnos?
Se coloca sobre las piernas, también el mesero lo puede hacer. —Ahora me da risa cuando me acuerdo de la obsesión de mi madre, que a veces era una verdadera piedra en el zapato con los modales en la mesa, pero la verdad es que agradezco su compulsión para educarme *"para poder ir a Buckingham, por si acaso"*. Una de sus peores insistencias era que hay que limpiarse siempre antes de beber. Tenía razón, de lo contrario, van a dejar el vaso o la copa hecha una porquería y se ve asqueroso.

Si el invitado que está sentado junto a nosotros se ensució o quedó chorreado de salsa, hay que avisarle con discreción.

La servilleta no es para tallarse la cara, secarse o quitarse el sudor de la frente... ni para sonarse la nariz.

¿Qué hacemos con la servilleta al levantarnos de la mesa?

Al pararte de la mesa, si vas a volver, la dejas ligeramente arrugada de lado derecho, para indicar que el lugar ya está ocupado.

Al pararte definitivamente de la mesa, se dobla un poco y se coloca, sin hacerla bolas ni doblarla, del lado derecho. Acuérdate que cuando la mesa está puesta la servilleta va del lado izquierdo.

De una alternativa a los manteles sucios[11]

Al inspeccionar los manteles de mi señor Ludovico, luego que los comensales han abandonado la sala de banquetes, hállome contemplando una escena de tan completo desorden y depravación, más parecida a los despojos de un campo de batalla que a ninguna otra cosa, que ahora considero prioritario, antes que pintar cualquier caballo o retablo, la de dar con una alternativa.

Ya he dado con una. He ideado que a cada comensal se le dé su propio paño que, después de ensuciado por sus manos y su cuchillo, podrá plegar para de esta manera no profanar la apariencia de la mesa con su suciedad. ¿Pero cómo habré de llamar a estos paños? ¿Y cómo habré de presentarlos?

Pietro Alemanni, el embajador florentino en Milán, se refiere a ella en uno de sus informes con fecha de julio de |491: "Como Sus Señorías me han solicitado que les ofrezca más detalles de la carrera del maestro Leonardo en la corte del señor Ludovico, así lo hago. Últimamente ha descuidado sus esculturas y geometrías y se ha dedicado a los problemas del mantel del señor Ludovico, cuya suciedad —según me ha confiado— le

---

[11] Compilación y edición de Shelagh y Jonathan Routh, *Notas de cocina de Leonardo Da Vinci (Leonardo's kitchen Note books. Leonardo da Vinci's notes on cookery and table etiquette)* 1987, Williams Collins, & Sons Co. Ltd..Primera edición de esta colección diciembre de 1999, Ed. Temas de hoy, España, pp. 99—100.

aflige grandemente. Y en la víspera de hoy presentó en la mesa su solución a ello, que consistía en un paño individual dispuesto sobre la mesa frente a cada invitado destinado a ser manchado, en sustitución del mantel. Pero con gran inquietud del maestro Leonardo, nadie sabía cómo utilizarlo o qué hacer con él. Algunos se dispusieron a sentarse sobre él. Otros, se sirvieron de él para sonarse las narices. Otros, se lo arrojaban como por juego. Otros, aún envolvían en él las viandas que ocultaban en sus bolsillos y faltriqueras. Y cuando hubo acabado la comida, y el mantel principal quedó ensuciado como en ocasiones anteriores, el maestro Leonardo me confió su desesperanza de que su invención lograra establecerse.

Vajilla

—Me encantan las vajillas, así sean de porcelana, de talavera o de peltre, —es algo que he ido acumulando a lo largo de los años— y no necesariamente tienen que ser caras. Lo que sí es un hecho es que, aunque usemos una muy fina o una sencilla, nunca debemos tener platos despostillados. Estos tíralos o úsalos debajo de una maceta porque así se ven horrible y generan mala energía.

Si se trata de la vajilla única que heredaste de tu bisabuela, llévala a restaurar y paga por un trabajo bien hecho y, lo más importante, ¡úsala! No tiene caso tenerla guardada para siempre, la gracia es disfrutarla. Ahora, si no tienes suficientes platos de una misma vajilla, se vale saltearlos, como dije antes con las servilletas, pero hacerlo con orden.

Si quieres poner al día tu vajilla, mi recomendación es empezar por lo más indispensable:

- Plato trinche.
- Plato mediano para la ensalada, también puede servir para el postre. El plato para postre se coloca directamente sobre el mantel, después de retirar todo de la mesa, desde el plato base hasta los saleros y los platitos para el

pan... ¡Ojo!: la cristalería se retira cuando los invitados se hayan levantado de la mesa.
· Plato para sopa.
· Taza para café con su plato, si es que lo lleva, aunque se vale poner de las tazas grandes que van sin platito en los eventos más informales. El café se sirve después del postre por el lado derecho y se retira por el mismo lado, como todas las bebidas.
· Azucarera y cremera.
· Platones de servicio.

Además de la vajilla básica, que se coloca del diario y que acabo de enlistar, para un evento formal además puedes poner:

· Plato base, que se retira de la mesa junto con el plato trinche cuando el plato fuerte ya se terminó.
· Un platito para el pan de lado izquierdo. En casa, la mantequilla y el pan ya pueden estar servidos cuando se pasa a la mesa, pero ese no es el caso en un restaurante ni en un banquete, donde el mesero debe pasar con cada comensal y ofrecerle de entree la selección que tenga.
· El pan se coloca y se retira por el lado izquierdo cuando los platos sucios del plato fuerte se retiran y antes del postre.
· El plato de sopa hondo, es distinto del tazón de consomé, que tiene dos orejas. Únicamente el consomé, que no lleva dentro ninguna verdura o tipo de carne, se puede beber directo del tazón. Pero este es un dato más para un restaurante o banquete porque poca gente tiene esos tazones en casa.

—A mí me encantan los tazones que usan para la sopa de cebolla gratinada, que tienen unas cabezas de león, pero esa sopa no se debe beber directamente del plato, sino comer con la cuchara.

Y, para eventos de etiqueta, hay muchas formas y tamaños de platones de servicio, ensaladera, salseras, tazas de café expresso, tazas de té, tetera, mantequillera, etc. Si tienes sopera o jarra cafetera, pero no la vas a usar, aprovéchala para montar ahí tu centro de mesa, usándola como florero.

Te recuerdo que un centro de mesa nunca debe ser más alto que la medida de tu codo a tu puño.

El pan no es botana, se debe traer a la mesa junto con la entrada o el primer plato, no antes. La pieza no se muerde directamente, se corta un trozo con los dedos y ese trozo es el que te llevas a la boca... en pocas palabras, no es torta.

Cubertería

En Venecia se inventó y utilizó por primera vez el tenedor.

¿Plata, alpaca o acero inoxidable? No importa qué usemos, pero hay que cuidar que no estén ennegrecidos ni amarillentos y que no se les vean las gotas de agua blancuzcas que deja cuando trae mucho sarro.

No necesitas tener cubiertos de plata, ni tienes que comprarlos en una tienda fina, sin embargo, pienso que sí vale la pena invertir bien y sólo una vez en unos buenos cubiertos aunque sean de acero inoxidable.

A la hora de lavarlos, no te recomiendo mezclar los de acero con los de plata porque se puede provocar una reacción química que los desgaste. Lo mejor es lavarlos con agua tibia y jabón, con una esponja que no raye y secarlos de inmediato con un trapo de algodón, porque si los dejas escurrir, se manchan con las gotas.

Cuando compres tus cubiertos toma en cuenta que el inoxidable es una aleación de hierro, cromo (para la dureza) y nikel (para el brillo). Suelen indicar 18/10 o 18/8 dependiendo de la proporción de cromo sobre nikel: entre más nikel, más brillo. La calidad es la misma, es un tema de gustos.

Los cubiertos se colocan siempre en el orden en que se van a usar, de afuera hacia dentro, y del lado correspondiente a la mano con que se deben tomar.

De entrada hay que poner:

· Tenedor trinche de lado izquierdo.
· Cuchillo con el filo hacia dentro del plato de lado derecho y, en seguida, la cuchara de sopa.
· Si vas a dar un entremés, se pueden agregar los cubiertos para entrada, que pueden ser los mismos que vas a usar luego para el postre.
· Otro tenedor más pequeño, también se pone en un desayuno para la fruta, junto al tenedor trinche.
· Un cuchillo pequeño que, de igual manera, se pone en un desayuno para la fruta hasta la derecha de la cuchara.
· Los cubiertos del postre van entre el platito del pan y la cristalería, es decir, centrados enfrente del plato, no a los lados.
· El tenedor del postre lleva el mango apuntando hacia la izquierda, hacia el platito del pan y se toma con la mano izquierda.

- La cuchara de postre lleva el mango apuntando hacia la derecha, hacia las copas, y se toma con la mano derecha.
- Si se coloca el cuchillo de postre, éste va al ras del plato y en el mismo sentido de la cuchara.

Además de la cubertería básica hay una gran variedad de cubiertos especiales, desde las pinzas para caracoles o las cucharas para el sorbete, hasta las pinzas para mariscos. Si quieres seguir la etiqueta al pie de la letra, hay que usar estos cubiertos específicos para estos platillos específicos, pero, generalmente, sólo se sirven en eventos muy formales y en restaurantes que cuentan con este equipo. De cualquier manera, hay que saber usarlos, *por si acaso te invitan a Buckingham*.

Para comerte mejor:

Cucharas	Tenedores	Cuchillos
Demi tasse para expresso.	Pequeño para fruta o postre.	Pequeño para fruta o postre.
Pequeña para postre o café.	Mediano para entremés o fruta.	Mediano para entremés o fruta.
Grande para sopa.	De pescado.	Pala de pescado.
Redonda para el consomé.	De cóctel y mariscos (de tres puntas).	Grande de mesa.
Ovalada y planita para el sorbete.	De caracoles (de dos puntas).	De sierra para cortes de asador.
	Pinzas de caracoles.	Pala de mantequilla.
	Pinzas de cangrejo.	
	De mango.	

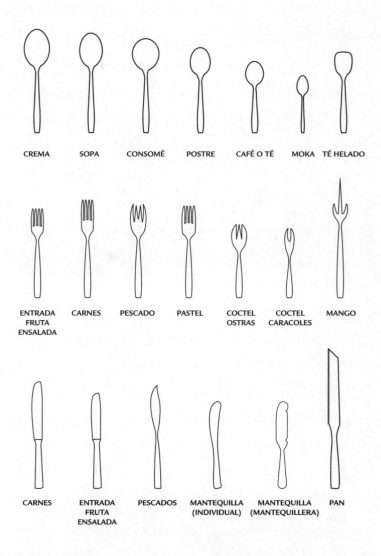

CREMA SOPA CONSOMÉ POSTRE CAFÉ O TÉ MOKA TÉ HELADO

ENTRADA FRUTA ENSALADA CARNES PESCADO PASTEL COCTEL OSTRAS COCTEL CARACOLES MANGO

CARNES ENTRADA FRUTA ENSALADA PESCADOS MANTEQUILLA (INDIVIDUAL) MANTEQUILLA (MANTEQUILLERA) PAN

Cristalería

Las primeras copas de cristal se diseñaron en Venecia, sustituyendo así los cuencos de metales preciosos que eran poco prácticos por ser tan pesados.

La mejor cristalería es, como su nombre lo indica, la de cristal y, si es transparente, mejor. La diferencia entre el vidrio y el cristal es que éste último tiene un timbre sonoro (todos hemos hecho ruidito mojando el filo de la copa con agua y haciendo circular la yema del dedo índice, ¿o no?).

En el cristal nunca van a ver burbujas, mientras que en el vidrio, mucho más grueso, sí.

El vidrio se fabricaba en Venecia desde el siglo X. El cristal de Murano más antiguo que se conoce es del siglo XV, éste se creaba en una isla de Venecia llamada Murano. La industria veneciana, concentrada en esta isla, dominó el mercado europeo hasta 1700.

Las primeras piezas que se crearon con este tipo de cristal eran de formas sencillas y se decoraban con diseños esmaltados que parecían joyas. También se hacían piezas en cristal coloreado y opaco.

Los sopladores de vidrio de Murano desarrollaron un tipo de filigrana de vidrio que consistía en la incorporación de hebras de vidrio opaco blanco dentro de un cristal transparente, al trabajarlas con un diseño especial se producía el efecto de encaje.

Pienso que sí vale la pena invertir en copas de cristal porque el vino no se decanta igual en el vidrio. Además, ya se pueden conseguir muy buenas copas a precios muy razonables.

En 1764 el rey Luis XV de Francia concedió al cardenal Louis—Joseph de Laval—Montmorency permiso para fundar un taller de vidrio en el pueblo de Baccarat, en la provincia de Lorena, al este de Francia.

Los primeros productos consistieron, principalmente, en vidrios para ventanas, espejos y copas hasta 1816, cuando el primer horno para cristal fue puesto en operación. Para estas fechas, la compañía empleaba a más de tres mil personas.

El cristal de Baccarat se dio a conocer en México durante el imperio de Maximiliano de Habsburgo. En la segunda mitad del siglo XIX y durante el porfiriato fue un hit entre la aristocracia.

René Jules Lalique, fue un maestro vidriero francés reconocido por sus originales creaciones de joyas, botellas de perfume, vasos, candelabros, relojes... También construyó una fábrica en Wingen—sur—Moder para producir en grandes cantidades, patentó varios procesos de fabricación de vidrio y algunos efectos técnicos como el satinado lalique o el vidrio opalescente.

Numerosos barcos y trenes como El expreso de Oriente, le hicieron encargos para su decoración interior.

La fábrica que fundó aún funciona y conserva su renombre.

Para el montaje de la mesa:

Con la llegada del Renacimiento los florentinos, con los Medici a la cabeza, dejaron atrás las costumbres de los banquetes medievales y sus desmesurados "atracones" dando paso al arte de la cocina, los buenos modales y los placeres de la mesa.

Hay cuatro copas que se montan desde el principio, junto con la vajilla y la cristalería: la de agua, la de vino blanco y la de vino tinto y, cuando se vaya a servir, también la de champaña.

Sobre el origen de las copas de champaña existen varias versiones. Una de las leyendas cuenta que el primer molde se fabricó de acuerdo al tamaño de los senos de Helena de Troya. Dicen que fue una encomienda de su amado Paris que, entre otras cosas, tuvo a bien robarse a Helena y desatar la famosa guerra. Al parecer, la copa original apareció en uno de los templos de la isla de Rodas.

Más adelante, en la Edad Media, se le atribuye a Enrique II haber solicitado la confección de un par de copas con forma de manzanas, inspirado en los senos de su adorada Diana de Poitiers.

La tercera versión, más actual, cuenta que fueron los pechos de María Antonieta los que sirvieron de molde para fabricar las copas de porcelana que luego se popularizaron para beber champaña, bebida que, por cierto, era una de las favoritas de la joven reina.

Actualmente se utiliza la copa de champaña de flauta para permitir que suban las burbujas de cualquier vino espumoso, aunque también hay copas extendidas que son "correctas".

> Sólo las copas de coñac y de licores y digestivos
> no se deben montar en la mesa desde el principio
> del servicio, éstas son las únicas que se traen ya servidas
> hasta el final después del postre y del café.
> Por costumbre, el anfitrión, es quien corre la cortesía.

La lógica para montar la cristalería es la misma que para los cubiertos. Se coloca del lado derecho, porque con esa mano se va a tomar, y en el orden que se va a utilizar: de afuera hacia dentro, primero la copa de vino blanco para acompañar el entremés o la entrada, luego la de tinto, que es un poco más grande, para el plato fuerte y, por último, la del agua, que es la más grande. La copa de champaña se puede montar delante de la copa de tinto pero más metida hacia el centro de la mesa. Si la champaña se va a beber al final, se lleva su copa junto con el postre.

Cuando los invitados pasan a la mesa, el agua ya puede estar en su copa, pero el vino se sirve siempre en presencia del comensal y al tiempo del platillo correspondiente para ir permitiendo un buen maridaje.

Durante el evento, la cristalería no se retira de la mesa, hay que esperar hasta que los invitados se hayan levantado.

Es perfectamente correcto usar cristalería artesanal, por ejemplo como la de Tlaquepaque, para servir aguas frescas. Hay jarras, vasos y tequileros de muchos colores. También hay copas de vino, pero no son tan recomendables para eventos formales porque no favorecen la degustación.

Para una cena elegante, se recomienda también una jarra de cristal o de plata para el agua.

Para poder servir
Es importante prever y planear para tener ya listos los platones y cubiertos de servicio que vamos a usar para cada platillo. No hay que colocarlos en la mesa, pero sí se pueden tener en la cocina y los cubiertos en la mesita de apoyo o en el trinchador. No importa si el mesero va a pasar de comensal en comensal, se sirve siempre por su izquierda y se le retiran los platos por la derecha. Sólo la bebida se sirve por la derecha, que es el lado donde las copas se colocan.

Si es un buffet donde cada quien se va a servir, los platones y cubiertos deben estar limpios y, de preferencia, ir a tono con el resto de la vajilla.

Para servir	
LOS BÁSICOS	**LOS QUE NUNCA SOBRAN**
Cuchara de servicio.	Cuchara para servir helado.
Cucharón para sopa.	Cuchara para servir el azúcar.
Cucharón pequeño para salsa.	Pinzas para terrones de azúcar.
Tenedor de servicio.	Cuchara para caviar (es planita).
Cuchillo de servicio y afilador.	Tenedor de dos puntas para cortar, servir carne y carnes frías.
Pala de servicio.	Pala para rebanar queso (la cuchilla es como un pelador).
Pala de mantequilla.	Cuchillos para cortar los quesos.

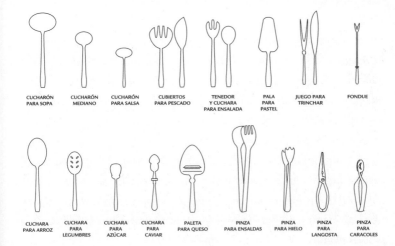

CUCHARÓN PARA SOPA · CUCHARÓN MEDIANO · CUCHARÓN PARA SALSA · CUBIERTOS PARA PESCADO · TENEDOR Y CUCHARA PARA ENSALADA · PALA PARA PASTEL · JUEGO PARA TRINCHAR · FONDUE

CUCHARA PARA ARROZ · CUCHARA PARA LEGUMBRES · CUCHARA PARA AZÚCAR · CUCHARA PARA CAVIAR · PALETA PARA QUESO · PINZA PARA ENSALDAS · PINZA PARA HIELO · PINZA PARA LANGOSTA · PINZA PARA CARACOLES

Arreglo o centro de mesa

Mis arreglos de mesa preferidos son los que tienen flores frescas, pero hay muchas maneras de armar un centro de mesa bonito o de decorar el recibidor. ¡Ojo!: no se trata que parezca florería, sino sencillamente darle un toquecito especial de ambientación para que nuestros invitados se sientan esperados y recibidos con gusto y esmero. ¡Cuidado con las flores que huelen demasiado fuerte, pueden marear! Para no errarle ni caer en la cursilería, pienso que lo mejor es ser sencillos pero creativos. Realmente, puedes armar algo bonito sin tanto presupuesto.

Es importante que el grado de sofisticación de los arreglos vaya a tono con el grado de formalidad del evento y que todo combine: flores, vajilla, mantel, etc. —Confieso que, como anfitriona, siempre escojo flores en los colores que sé que me van bien a mí y que combinan con los tonos que suelo usar para vestirme.

Ikebana: *El arte japonés de los arreglos florales*

Ikebana significa "flores mantenidas vivas" y es el nombre del arte japonés que consiste en arreglar flores.

Existen varias escuelas y estilos de esta práctica, pero la técnica original viene del siglo XV y fue desarrollada por un monje budista, Ikenobo Senkei, a quien se le atribuye haber creado el estilo "rikka" (flores de pie) con la intención de expresar la belleza de la naturaleza a través de siete ramas que representan las montañas, las cascadas, los valles, etc....

Con el tiempo, otras variantes del arte floral se fueron desarrollando, no sólo para los aristócratas y los monjes, sino también entre los comerciantes, que fueron adaptando un estilo más sencillo. Se le conoce como seika o shoka y únicamente emplea tres ramas que representan el Paraíso (ten), la Tierra (chi) y el Hombre (jin) y trata de mostrar la belleza de las propias plantas.

Otra variación de Ikebana es "negeire", y se practica durante la ceremonia del té. También a finales del siglo XIX se popularizó una técnica con flores apiladas en un contenedor plano y poco profundo, aprovechando la influencia de la cultura occidental en esa época utilizando, entonces, plantas occidentales.

La práctica de Ikebana, en todas sus variantes, siguió siendo formal y exclusiva de la clase alta, hasta que, en el siglo XX, y especialmente en los años treinta y luego en la posguerra, fue incorporando arreglos con un estilo más libre y se fue popularizando entre las distintas clases sociales y en varios países, porque muchas esposas de los oficiales norteamericanos que vivieron en Japón durante la ocupación, empezaron a practicar este arte.

Hoy en día quince millones de personas lo practican en Japón, principalmente las mujeres jóvenes, y hay alrededor de sesenta mil maestros en todo el mundo.

Hay que colocar las flores en un jarrón bonito, puede ser sencillo pero nunca sucio ni despostillado, de preferencia que sea bajito para no tapar la vista entre comensales. Se puede mandar a hacer un arreglo bajo y alargado si se trata de una mesa ovalada o rectangular, o redondo para mesas cuadradas o redondas, para que no estorbe entre las copas y la vajilla. —Yo aprovecho las soperas y platones hondos que casi no uso para ahí montar mis centros de mesa, quedan realmente bonitos y son sencillos de hacer. Y, si pones buffet, también quedan muy bien.

Cuando pones velas, tanto decorativas como de centro de mesa, en candelabros o sueltas (las velas gruesas decorativas), deben tener ya quemado el pabilo, para que no parezcan de tienda, las tienes que encender al momento en que los invitados se sientan a la mesa para que la cera no escurra antes. Las velas sólo se usan en eventos de noche y siempre se deben encender.

**En vez de soplarles, utiliza un apagador de velas
para que la cera no chorre.**

Se pueden armar arreglos muy lindos con velas flotando en algún platón con agua, con flores o pétalos. —A mí me gusta usar frutas y hasta verduras. Me encanta la variedad de colores, formas y tamaños de calabazas que hay en otoño o usar cualquier tipo de cítricos para darle un toque "fresco" a la mesa durante el día. Los chiles secos surtidos lucen mucho en un platón blanco y salen muy baratos.

En la playa o para un menú con "frutos del mar", las conchas naturales, de esas que hemos ido juntando a lo largo de los paseos por la playa, se ven muy bonitas[12]. También se pueden aprovechar las piñas que te encontraste en tu caminata si estuviste en algún bosque. Hasta los granos de café se ven y huelen bien. Hay infinidad de opciones, la gracia es ser creativo sin exagerar. Ante la duda, entre más natural, mejor.

---

[12] Mi mamá coleccionaba conchas de mar y caracoles, me quedé casi con todas cuando ella murió, pero un día, en un viaje a Zihuatanejo, decidí que iba a devolvérselas al océano, porque ahí es donde todas esas conchas y caracoles tenían que estar. Luego, se me ocurrió que si todas las personas que hemos recolectado o comprado conchitas y conchotas, a lo largo de los años, las regresáramos al mar, quizá lograríamos resarcir un poquito el daño depredador que le hemos causado. Para comprobar la eficacia o absoluta estupidez de mi ocurrencia, lo consulté con mi amigo Pedro Moreno, que es geólogo, y me dijo que, sin duda, sería de utilidad promover esa iniciativa, porque, entre otras bondades, muchos bichitos marinos encontrarían casa.

¿Cómo elegir el menú?

El menú puede ser el punto de partida para definir todo lo demás: si el pretexto para invitar a los amigos es que andas con antojo de comida thai, empieza por ahí y luego monta una mesa y un ambiente que los transporte hasta Bangkok.

El menú siempre debería ir a tono con el tipo de evento y el tipo de invitados. Obvio, no vas a servir pizza en la cena formal que organizaste para la pedida de tu hija, ni vas a poner caracoles a la *bourguignonne* en una comida informal en tu jardín. La gracia es que todo venga al caso y que nadie se sienta fuera de lugar. Es, simplemente, un tema de que todo fluya en armonía, como el maridaje entre los platillos y las bebidas.

Lo que es un hecho es que siempre será preferible servir un platillo sencillo bien hecho y bien presentado, como por ejemplo: unas tortas deliciosas, con buenos ingredientes y en un platón bonito, que un fracasado platillo pretensioso (como un *risotto* batido o un pato malogrado). También hay que recordar que, por muy sofisticado que el menú sea, lo más importante es la gente que estamos recibiendo y en ningún momento debemos meter a nadie en apuros.

Nota: Tenemos que tomar en cuenta a nuestros invitados por encima de todo lo demás. Acuérdate de la anécdota del rey que, al ver que uno de sus invitados se bebía el agua destinada para limpiarse las manos después de comer crustáceos con los dedos, él mismo tomó el tazón y se bebió el agua para hacer sentir bien a su invitado en lugar de apenarlo por desconocer el protocolo.

También es importante tomar en cuenta que los platillos deben combinar entre sí y debes considerar la época del año (ya quedamos en no servir un mole de olla si hace un calor de cuarenta grados) y tener en mente, que siempre se agradece o se debería, algo más ligerito si se trata de una cena, por aquello de las pesadillas.

De la vista nace el amor, sin embargo, también tenemos olfato y paladar, por eso me parece fundamental que siempre, con o sin invitados, cuidemos que el menú tenga variedad en los colores, sabores, texturas y temperaturas. ¿Has sentido lo que sucede al morder un chocolate amargo con un toque de sal, o cuando mezclas lo fresco de las hojas verdes con un queso tibio montado sobre un pan crujiente o con los gajos de una toronja y lo dulce del ajonjolí garapiñado, o cuando muerdes un pastel que parecía panqué, pero en la boca se escurre una especie de lava de chocolate caliente? El paladar, los ojos, la nariz y la lengua están ahí para el puro placer de disfrutarlos. ¡Hay que darles vuelo!

El orden de los factores, en el caso del menú, sí altera el producto, y por eso debemos ir de menos a más: empezar por sabores más suaves, tanto en los platillos como en las bebidas, y cerrar con más fuertes, esa es la razón por la cual los franceses sirven los quesos al final y, dentro de éstos, también hay una secuencia para irlos probando del menos al más fuerte.

El maridaje

El maridaje es la armonización entre la comida y la bebida, por eso hay que tomar en cuenta lo que vamos a servir.

En una taquiza, lo ideal son tequila y cervezas, sin embargo, para un mole poblano me fascinaría un *chardonnay* y, con una buena comida mexicana me gustaría un mezcal.

Con el consomé va perfecto un jerez, con un gran corte de carne roja va un vino tinto con más cuerpo y para un *brunch*[13], un vino rosado, unas mimosas o un Bellini.

---

[13] El concepto viene del *breakfast* y el *lunch,* se acostumbra a partir de las once de la mañana, especialmente sábados y domingos. En México equivaldría al almuerzo.

Giuseppe Cipriani, fundador del Harry's Bar en Venecia, que luego abrió una sucursal en Nueva York, inventó el Bellini en los años cuarenta y lo bautizó así porque, por su color rosado, le recordó la toga de un santo pintado en un cuadro de Giovanni Bellini, pintor veneciano del siglo XV. Esta bebida empezó como una especialidad del bar en Venecia, y dicen que Ernest Hemingway y Orson Welles eran fans. Luego se popularizó también en Nueva York.

Se prepara con 2 partes de Prosecco (vino) por una parte de puré de durazno. El original es con duraznos blancos pero hay muchas variantes porque es difícil conseguirlos y por eso también se pueden usar los duraznos amarillos o incluso su néctar. La verdad es que se puede sustituir el durazno por cualquier fruto del bosque —yo uso unas frambuesas que vienen congeladas en bolsa y las trituro así congeladas en el procesador de alimentos y queda una especie de puré frappé que luego se coloca en el fondo de la copa de flauta y finalmente agrego el Prosecco. ¡Salud!

Para el postre, un vino dulce tipo *Sauternes*[14] o champaña, también el Cava[15], Asti o Prosecco[16] son deliciosos. La maravilla de las burbujas es que combinan perfecto con todo, a todas horas.

Cuenta Marcel Michelson que el Sauternes dulce se remonta al siglo XVII, cuando los comerciantes ingleses y holandeses dominaban el negocio en

---

[14] *Sauternes* es una región de Burdeos, Francia, donde se produce un vino blanco delicioso que en lo personal me encanta y es perfecto para el aperitivo, por ejemplo con un *foie gras* o para el postre. También es ideal beberlo con queso y frutos secos, pero la verdad, es que sabe igual de rico con una ensalada que lleve fruta, se me ocurre una de arúgula con higo o durazno y, hasta con algunos mariscos o aves.

[15] El Cava es un vino espumoso que se produce en España y también es una denominación de origen.

[16] Ambos son vinos blancos espumosos pero italianos. El Asti, de la región de Piemonte, es dulce y el Prosecco, de la región de Veneto es muy seco; por su precio son más accesibles que la champaña y el Cava, pero igualmente afortunados para un aperitivo o para el postre.

Burdeos. *Los holandeses empezaron a plantar uva blanca en la zona y a producir vinos dulces. Eligieron Sauternes porque era una comarca favorable para los vinos blancos.*

El Sauternes está hecho con sémillon, sauvignon blanc y muscadelle. Su particularidad viene de la forma en que el hongo que se produce concentra el azúcar. Las viñas de Sauternes se ubican a unos cuarenta kilómetros al sureste de Burdeos, sobre el río Garona.

Para producir champaña la segunda fermentación se realiza en botella, en la misma donde luego se va a vender. Al vino "base", que ya tuvo su primera fermentación, se le añaden levaduras y azúcares que producen la segunda fermentación en la botella y se espera a que se forme espuma para que salgan esas maravillosas burbujas doradas que tanto nos alegran la vida. Este método tradicional sí es el más caro, pero es de mucha mejor calidad que el Charmat, en el que se hace la segunda fermentación en contenedores de acero inoxidable y luego se embotella.

Durante una comida de verano, no hay como un vino rosado fresco, es delicioso y para un pescado a la sal lo mejor es un buen vino blanco. Si vas a dar *sushi*, te recomiendo que tengas una botella de *sake*. Si vas a ofrecer una despedida de soltera en tu casa puedes hacer una sangría. Se trata, sencillamente, de que todo se lleve bien.

Maridaje para saber qué va con qué por tiempos:
Lo básico sería servir tres tipos de vino: uno blanco con el entremés, uno tinto con el plato fuerte y uno dulce con los quesos o el postre. Pero no quisiera ser simplista porque todo va a depender de qué platillos vayas a servir. Aclaro que no soy una experta en vinos, pero esta clasificación puede ser útil para los mortales que, como yo, no tenemos pretensiones de *sommelier*, pero sí tenemos un buen paladar y queremos lograr cierta armonía entre la "hidratación" y la "alimentación".

A continuación te presento una pequeña guía:[17]

APERITIVO: Cualquier "botana", frutos secos, verduras crudas, canapés, etc.	Todas las burbujas desde cerveza hasta champaña (frío), vino blanco (frío), Blanc Cassis (frío), jerez o fino (frío), vermout en las rocas, mezcal o tequila derechos, whisky (en las rocas o con agua) vodka (tonic) o ron (una cuba); cócteles preparados (desde el Bellini hasta el Martini, pasando por el Mojito y las Margaritas).
ENTREMES: Son los platillos fríos que abren el menú.	**Vino blanco** frío para ostras y mariscos. **Vino rosado** frío o **tintos ligeros** frescos para embutidos o fiambres. **Sauternes** (frío) o vino dulce con foie gras.
SOPAS: Se sirven al principio o después del entremés, pueden ser frías o calientes. No suelen maridarse pero...	...para un consomé: **jerez**. Para una sopa de pescado (por ejemplo la *bouillabaise*, deliciosa especialidad de Marsella): vino blanco seco frío.

[17] Me basé en el libro de la señora doña Graciela M. de Flores, experta gastrónoma en la teoría y en la práctica, y una de las fundadoras de la carrera de Administración de Instituciones de ESDAI (Escuela Superior de Administración de Instituciones) de la Universidad Panamericana.

ENTRADA: Son calientes y van después de la sopa, sin guarnición: budines, *soufflé*, arroz, pasta, aves y pescados en salsa, frituras, etcétera.	**Vinos blancos o rosados fríos**.
PESCADOS Y MARISCOS: En un servicio formal (francés o ruso) serían como entrada pero también pueden ser plato fuerte si lo servimos con una o dos guarniciones.	**Vinos blancos** (fríos) en preparaciones con salsas. **Vinos blancos secos** (fríos) en preparaciones asadas, a la plancha o a la parrilla. **Vinos rosados** (fríos) o tintos ligeros frescos: pescados de sabor más fuerte o con salsa oscura.
PLATO FUERTE: Suelen ser carnes o aves, se acompañan de una o dos guarniciones.	Generalmente se sirven con **vino tinto**. **Tintos ligeros** se sirven frescos: aves y carnes blancas al horno o a la parrilla. Si la salsa se prepara con vino, se lleva el mismo vino a la mesa. **Tintos de cuerpo** a temperatura ambiente: carnes rojas asadas, perdiz, conejo, venado...

HORTALIZAS Y ENSALADAS: Las ensaladas compuestas pueden ser guarnición o plato fuerte. La ensalada simple, sólo a base de hortalizas, puede servirse después del plato fuerte, antes de los quesos, por ejemplo.	Cuando son guarnición, se acompañan con el mismo **vino del plato fuerte**. Cuando son compuestas (de camarones, pollo, atún, etc.), también se pueden servir como entremés y van con vino blanco frío. Las ensaladas simples, que ya traen su vinagreta, **no se acompañan con vino**.
QUESOS: En los servicios formales van al final de la comida, del más suave al más fuerte.	**Vinos blancos secos:** quesos frescos de cabra o vaca, quesos cremosos. **Tintos ligeros:** quesos grasos con corteza. **Tintos de cuerpo:** quesos fermentados fuertes de corteza semidura o blanda (todos los "apestosos" y quesos grasos).
POSTRES: Es el último tiempo. Pueden ser tartas, carlotas, bavaresas, mousses, puddings, pastelería... Con postres de chocolate no se sirve vino dulce.	**Vinos dulces blancos o rosados**, siempre se sirven muy fríos: oporto (delicioso con *marrons glacés* o castañas glaseadas, jerez dulce, Marsala, Moscatel, Sauternes... **Espumosos** (aunque el Prosecco puede resultar demasiado seco, por eso mejor un Cava o Asti) y champaña.

| SERVICIO DE CAFÉ: A la hora del café se ofrecen los digestivos. Son los únicos que se traen ya servidos a la mesa. | Aguardientes añejados de uva: **coñac, armañac** o **brandy** (se sirve en copa de coñac y es la única que no se toma por el tallo, sino por el globo). **Licores** macerados con hierbas: *Bénédictine, Chartreuse, Cointreau, Amaretto, Grand Marnier, Calvados, etcétera.* **Cremas** de anís, menta, café, naranja. |

¿Cómo invitar?

Cada vez las formas sociales se van relajando más y, actualmente, es común que las invitaciones se hagan de manera informal por correo electrónico o por mensajes en las redes sociales.

Desde luego, los medios electrónicos son una gran herramienta y se vale usarlos para organizar eventos e invitar, especialmente, a los "masivos" como la apertura de una exposición, la presentación de un libro, etc. Pero, para algo un poco más formal, y por formal me refiero desde una cena pequeña en casa hasta una gran celebración de cumpleaños, me parece importante, al menos una vez, hacer una llamada personal. Si vas a mandar un correo electrónico, que sea personal.

Para ocasiones más formales como un cóctel o una boda, una invitación impresa o tarjeta personal es lo correcto. Es muy útil hacerse papelería personal individual o de matrimonio o, incluso, de familia. Hoy día se pueden hacer unas invitaciones electrónicas muy lindas que funcionan perfectamente para bautizo, primera comunión, *Bar Mitzvah*[18], etc.

Las bodas son protocolo aparte: se debe enviar una invitación impresa siempre y, además, se puede hacer una página web y mandar la noticia con anticipación por *mail,* por ejemplo: para que la gente aparte la fecha con tiempo, mucho antes de recibir la invitación formal por correo postal. Las invitaciones deben llegar al domicilio con dos meses de anticipación.

En las invitaciones escritas:
Si se trata de una pareja, se debe poner el nombre y apellido de ambos, para dirigir la invitación a los dos. —Esta es mi opción favorita, quizá porque yo conservé mi apellido de soltera.

En el caso de un matrimonio se puede escribir: Sr. "X", con nombre y apellido, y señora.

En los dos casos anteriores queda claro que la invitación **no** incluye a los hijos. Pero, cuando los niños están invitados, se indica de forma expresa y se pone: "Familia XY" con los dos apellidos de los hijos.

También es preciso que se sepa si el motivo del evento es de trabajo, si se espera o no a las parejas, o si nada más es una sesión del Club de la pequeña Lulú y no se aceptan hombres, en fin...

A la hora de invitar, recomiendo informar el motivo de la celebración y el tipo de evento que tenemos pensado. No se trata

---

[18] Es una ceremonia judía de iniciación cultural y religiosa marcada por tres elementos fundamentales: Minian, para leer la Torá; Berajá, la bendición y Kavaná, que significa la intención. A través de esta celebración, el joven Bar Mitzvá (a los trece años de edad) o la joven Bat Mitzvá (a los doce) "aceptan su pertenencia como miembros activos y responsables del pueblo de Israel y, al mismo tiempo, su comunidad les reconoce este nuevo estatus". Lic. Daniel Fainstein, Decano del Sem. Rabínico Latinoamericano de buenos Aires En Bar Mitzva.

de entrar en grandes detalles, simplemente que el invitado sepa qué esperar y qué hacer. Por ejemplo: si se trata de un cumpleaños, que pueda decidir si lleva un regalo, o si debe vestirse de chamarra y botas para el frío nocturno del jardín, o saber si lo más adecuado sería ir de vestido largo o *smoking*. Es una cortesía que le hacemos al invitado con la finalidad de que, a la hora del evento, se sienta lo más cómodo posible.

Es importante invitar con anticipación, especialmente en meses como noviembre y diciembre que están cargados de compromisos y, más aún, si tomamos en cuenta que las distancias y el tránsito no son los mejores incentivos para salir. Obviamente, el margen de anticipación dependerá del tipo de evento y del grado de *formalidad*.

> Para un cumpleaños o evento formal
> basta con cuatro a tres semanas.
> Para una cena puede ser suficiente un par de semanas o,
> incluso, un par de días en ciertos casos.
>
> Sin importar qué tan formal sea el evento, siempre es
> elemental confirmar a los invitados para poder planear
> mejor la reunión.

Recuerda que las siglas R.S.V.P. indican que se espera una confirmación de parte del invitado: en francés corresponden a *"Répondez s´il vous plaît"* que significa "Responda Por Favor". En España se usa más el S.R.C. (Se ruega contestación), aunque es menos común entre los mexicanos.

En la invitación, ya sea impresa o por correo electrónico, es muy útil anexar un mapa con las indicaciones para llegar a la dirección. También se puede dar el teléfono de casa o, incluso, el celular.

Es de pésimo gusto sugerir algún tipo de regalo en la invitación.

¿Cómo ser un buen invitado?

Si te están invitando a una cena o reunión es de pésimo gusto insistir en llevar algo si los anfitriones te dijeron que no era necesario. Obviamente, es otra historia cuando es un evento de confianza en el que se acuerda que cada quien lleve algo.

En todo caso, lo más recomendable es llegar con unas flores, cuando hay cierto nivel de confianza (aunque no me parece lo ideal porque entonces la anfitriona tiene que distraerse en colocarlas en un jarrón en ese momento), o unos chocolates.

Si el evento es un poco más formal, es preferible enviar un arreglo de flores al día siguiente con una tarjeta personal para agradecer la invitación. Esto es muy recomendable cuando se nos invita por primera vez.

Cuando se trata de invitaciones entre gente de confianza, se puede llevar una botella de vino, de oporto, de champaña, de whisky o de coñac, pero no es una obligación. Unos buenos chocolates nunca sobran y jamás nos harán pecar ni de codos ni de ostentosos (ni de lambiscones, para el caso del cumpleaños del jefe, por ejemplo).

¿Cómo servir el aperitivo?

En cuanto los invitados llegan se les debe ofrecer algo de beber; puedes preparar algo en particular para recibirlos, por ejemplo: unas Margaritas, Mojitos o Martinis o, de plano, tener listas varias opciones. En los tradicionales asados en casa de una amiga, nos reciben con un pisco sour[19] casi como si fuera derecho de admisión.

El pisco sour se prepara en una coctelera: se ponen seis cubos de hielo, noventa mililitros de pisco, treinta mililitros de jugo de limón, treinta mililitros de jarabe, una clara de huevo y dos gotas de amargo de angostura. Se bate todo hasta que no se escuche el golpe de los hielos.

Para el aperitivo, recomiendo tener siempre hielo, cervezas bien frías, tequila, agua mineral, refrescos normales y de dieta. —Que no les pase lo que a mí me sucedió que, como en mi casa nunca compramos refresco, tuve que ser rescatada por una amiga que, generosamente, me surtió en el último momento.

Lo más común es tener vino tinto a temperatura ambiente y el vino blanco siempre debe estar ya frío. En cuanto se descorcha, se debe mantener en una hielera, en el refrigerador o con un accesorio térmico que se le pone alrededor, al igual que el espumoso y que el vino rosado. Cualquier burbuja, desde Cava hasta Prosecco, son ideales para el aperitivo.

El vino tinto sólo necesita decantarse cuando es una reserva, para que se oxigene.

El aperitivo es lo que en México conocemos más comúnmente como "botana". Se ofrece antes de la comida, mientras van llegando los invitados. Es el momento perfecto para ir presentando a la gente y romper el hielo para movernos entre los demás que, probablemente, después queden en otra mesa o lejos de nosotros, para intercambiar tarjetas en un evento social y hacer *networking* (tejer redes de contactos profesionales) si es un evento de trabajo. En una casa, es el momento de ponerse al día.

---

[19] Es la denominación de origen de un destilado de uva muy popular en el Perú.

Queda muy bien servir alguna copa y algún canapé o boca-dito para "abrir boca",[20] pero la intención de tomar el aperitivo no es que la gente se llene y luego ya no pueda comer, esa es una mala costumbre que tenemos arraigada en México, no sé por qué. —Me recuerda a los atracones de los romanos que no se moderaban durante los banquetes festivos en que todo era un exceso para contrarrestar la frugalidad de la vida diaria. Lo ideal es servir aceitunas, algún marisco o embutidos, todo en pequeñas porciones del tamaño de un bocado, sencillamente para picar.

Generalmente, todo lo que se sirve de aperitivo se puede to-mar con los dedos y, si no es el caso, hay que poner platitos y los cubiertos adecuados, por ejemplo para todo lo que va salseado. También se acompaña con las servilletas de tela pequeñas de 15 x 15 cm, como ya mencioné en la sección de "servilleta".

Los palillos usados, las cáscaras de pistache, los huesitos de aceituna, etcétera., se dejan en algún plato que esté ahí para eso, nunca se queda uno jugando con el palillo en la mano ni en la boca, ni se debe devolver a la charola de los bocadillos ni dejarlo encima del mantel.

Si la botana está colocada al centro de la mesa, no está bien quedarse ahí pegado, son platos para compartir y sólo para pi-car y abrir boca.

Si estamos de pie y no tenemos dónde colocar nuestra be-bida en un cóctel, debemos sostener el vaso o la copa con la mano izquierda y siempre por el tallo, (todas excepto la copa de

---

[20] Los bocadillos salados estimulan el apetito porque nos hacen salivar y sirven, preci-samente, para despertarlo.

coñac, que se toma por el globo) para tener libre la mano derecha para poder comer y saludar a quien vayamos encontrando.

En cambio, cuando estamos sentados a la mesa, tomamos las copas y vasos con la mano derecha, que, además, están colocadas de ese lado. También con la mano izquierda se sujeta la servilleta, hay que limpiarse los labios antes y después de beber, y los dedos después de comer o tomar algún bocadillo puesto que no queremos saludar a nadie con la mano grasosa ni embarrada.

¿Cómo sentar a los invitados?

En el siglo XVI Catalina de Medici implantó como novedad en la corte de Francia el hecho de que damas y caballeros compartieran la misma mesa.

Decidir cómo acomodar a la gente puede parecer una frivolidad, pero no es cualquier cosa y realmente requiere de planeación y paciencia. Puede ser una tarea muy complicada pero también puede hacer la diferencia, para bien o para mal, sentar juntas o separadas a dos personas. Una vez que ya se decidió cómo va a ser el evento y qué se va a ofrecer, hay que planear bien cómo integrar o mantener alejados a los distintos invitados y prever cómo se van a distribuir alrededor de la mesa. (Por cierto, es muy importante asegurarse que las patas de la mesa no incomoden a nadie y que las sillas estén limpias y en buenas condiciones. ¡Ojo con las patas flojas!, ya que no queremos que la abuela o el jefe terminen en el suelo).

Fue hasta el siglo XVI que empezó la costumbre de sentarse a la mesa, en un espacio designado, específicamente, para comer, ya que hasta entonces los nobles utilizaban sus "aposentos" para esta actividad. En el Palacio de Invierno de San Petersburgo hay una habitación donde aún conservan los muebles de comedor del zar: es una larga mesa, donde se sentaba a comer él solito, y el gran honor para los miembros de la nobleza era ser invitados a verlo comer, no compartía el pan ni la sal ni nada de nada. El tema era verlo comer por tres a cinco horas, y de pie.

También fue costumbre, durante mucho tiempo, que los comensales se ubicaran de un sólo lado de la mesa y que la comida, muy bien acomodada en fuentes y charolas, se colocara del otro lado.

Hay otra película maravillosa relacionada con este tema que no se pueden perder, se llama *Vattel*.[21]

En cualquier caso, hoy en día se ha relajado mucho la etiqueta y el protocolo en la mesa, pero siempre es bueno cuidar que todos los invitados se sientan a gusto y es importante saber acomodarlos.

Durante un evento informal, soy de la idea que hay que dejar que cada quien se siente donde quiera. A veces las parejas quieren sentarse juntas y otras, en cambio, prefieren quedar separadas, aprovechando la ocasión de estar con alguien que no han visto hace tiempo, es perfectamente válido.

Tampoco se trata de separar a la fuerza a una pareja de recién casados que sigue derramando miel, pero si de plano quieres asignar cada lugar, tienes que hacerlo con anticipación: toma mucho tiempo planear a quién sentar con quién, balancear el cada vez más disparejo número de hombres y mujeres, evitar

---

[21] "Vattel" película francesa del 2000, dirigida por Roland Joffé. La historia sucede en 1671, en la Francia de Luis XIV. Un príncipe en bancarrota que quiere convertirse en general, dedica los pocos recursos que le quedan a armar tremendo banquete de tres días en su castillo ubicado en Chantilly para impresionar al rey y ganarse sus favores. Para organizar la recepción, que incluye al rey y a toda su corte de Versalles, contrata al *maître* y cocinero Vattel, a quien asigna todo tipo de tareas. El problema es que no cuenta con que Vattel se va a enamorar ni que valora su libertad por sobre todas las cosas. Es una película preciosa que presenta de una manera exquisita los excesos y la fastuosidad de los banquetes reales, al mismo tiempo que exalta lo más valioso de la dignidad humana.

poner juntos a quienes no se toleran y hacerla de Cupido para que "X" y "Y" finalmente se conozcan.

Desde luego, siempre se puede hacer un acordeoncito, con una lista o un croquis de la mesa para no equivocarse o colocar tarjetitas con cada nombre en cada lugar (si tienes una hija preadolescente, le va a encantar ayudarte y, en este caso, cada quien va a encontrar su lugar y ya no necesitas acompañar a cada quien a su asiento).

Es buena idea presentar desde el aperitivo a quienes se van a sentar juntos para que vayan entablando una conversación y no resulte incómodo comer junto a un perfecto desconocido —por eso dije que el aperitivo es el momento perfecto para romper el hielo. Si hay alguien particularmente entretenido o que va a llevar la batuta de la conversación, es buena idea sentarlo al centro de la mesa para que sea una especie de "moderador". Ahora bien, si es una mesa grande, va a haber varias conversaciones pero, como anfitriones, hay que cuidar que todos se integren a la plática, sacarle el micrófono a quien haya acaparado el tema o bebido demasiado, y romper el hielo cuando se haga algún silencio incómodo.

> **Mis dos principales guías en los temas
> más teóricos del protocolo fueron:**
> Teresa Baró, una mujer encantadora con quien
> hasta ahora sólo me he comunicado por *mail* pero
> espero conocer en persona algún día. Es experta en todos
> los temas de comunicación personal y profesional,
> y también ha escrito varios artículos sobre etiqueta
> y protocolo. Busca sus artículos en Internet.
> Montse Solé es arqueóloga, poeta, escritora y conferen-
> ciante. Hoy en día se dedica al protocolo, la imagen

> y la comunicación. Si quieres un buen libro busca
> "Saber ser. Saber estar: el manual de las buenas
> maneras y el protocolo".[22]
> Las publicaciones de ambas me han sido
> de gran utilidad en lo personal y como referencia
> para aterrizar varios temas de este libro.

En un evento un poco más formal, el protocolo dice que la mujer de más edad o rango se sienta a la derecha del anfitrión y éste debe sentarse a la cabecera. El hombre de mayor rango, jerarquía o edad, a su vez, se debe sentar a la derecha de la anfitriona.

Los invitados de honor pueden o no ser pareja, sin embargo el invitado y la anfitriona pueden estar en un extremo de la mesa y, en el otro, el anfitrión con la invitada.

En una mesa redonda, se elige un punto para que queden frente a frente.

---

[22] Solé Montse, *Saber ser. Saber estar: el manual de las buenas maneras y el protocolo*, Decimocuarta edición, Ed. Planeta, España, 2004.

CAPÍTULO 2

ETIQUETA Y PROTOCOLO PARA EL SIGLO XXI: PARA SABER QUÉ Y CÓMO HACERLE EN CUALQUIER SITUACIÓN DE LA VIDA SOCIAL

En la introducción del libro ya hablé de los conceptos de etiqueta y protocolo, y de su importancia para la vida diaria. Ya mencioné por qué es necesario organizarse la vida social y tratar de sobrevivirla con estilo y, de preferencia, disfrutándola.

Ahora vamos a ver cómo lograrlo:

Saber "qué y cómo hacerle" en cualquier tipo de evento social es casi una herramienta de defensa personal, una especie de pasaporte para abrirnos todas las puertas. Quiero hacer la distinción entre la etiqueta social y la profesional porque no son lo mismo.

En la etiqueta social la cortesía es para las mujeres mientras que en la etiqueta profesional o ejecutiva, la prioridad es para la persona de mayor rango, y en este libro hablaré más de la social. Si necesitas un buen libro de protocolo empresarial, te recomiendo el de Gerardo Correas Sánchez.[1]

---

[1] Corras Sánchez Gerardo, *Protocolo para empresas: la organización de eventos ante las nuevas necesidades de las entidades privadas*, Ediciones Protocolo, Madrid, 2009.

De cualquier manera, pienso que lo cortés no quita lo valiente, y ser un hombre caballeroso o una mujer educada con las personas mayores nunca sobra, tanto en el ámbito público como en el privado. —Una de mis amigas, comentó que en una cena una chica se quejó de que: *"Ya no hay caballeros"* y entonces un muchacho volteó y le dijo: *"Pues es que tampoco hay ya damas"*. Dando por descontada cualquier interpretación de la respuesta, me parece que ambos tienen razón. Si descartamos la parte más sexista y clasista de la etiqueta social y rescatamos la caballerosidad y la galantería, podemos también renovar la parte más linda de la femineidad, esa que completa y embellece, sin que eso signifique perder el terreno ganado en el ámbito de la igualdad.

La idea es que las sugerencias que te haga sean realistas y mi intención es aportar algo útil para la vida diaria (en lo personal, familiar, social y profesional) y, por qué no, también para las ocasiones especiales.

Cuando somos los invitados

Confirmar o disculparse

No sé por qué a veces a la gente le da "pena" decir que "no" y termina quedando peor porque primero dice que "sí" y a la mera hora, simplemente, no llega a una invitación. Por eso, en cuanto nos inviten a cualquier evento, hay que decir la verdad: *"Sí, gracias con mucho gusto"* o de plano: *"Lo siento, me encantaría, pero en esta ocasión me tengo que disculpar"*.

Por cierto, sugiero nunca llegar sin avisar, y tener cuidado con los niños, ante la duda lo mejor es no llevarlos a menos que expresamente hayan sido invitados y, aunque los adoro, tampoco es conveniente llegar con animales.

La puntualidad

A mí me sienta fatal llegar tarde a una cita porque me parece una falta de respeto hacia la otra persona y su tiempo, que considero igual de valioso que el mío. Ya sé que vivimos vidas caóticas en ciudades colapsadas, pero hay que aprender a ser más previsores y tomar las precauciones necesarias para tratar siempre de ser puntuales. Y, si vamos a llegar tarde, podemos avisar y tratar de nunca pasar de quince minutos.

Un buen tip para cuando nos toca esperar, es vivir con un libro bajo el brazo, —en lo personal he reducido significativamente mis índices de frustración desde que me dedico a leer mientras espero a cualquier persona.

Cuando de plano llegamos tarde a una reunión, no hace falta dar el *tour* alrededor de la mesa o la sala, lo mejor es saludar de lejos a todos para no interrumpir la conversación y tomar un lugar, es más que suficiente. Y para los que sí llegaron puntuales, no hay que hacerlos esperar demasiado para pasarlos a la mesa o dar por iniciado el evento, porque ellos no tienen la culpa de que los demás no lleguen a tiempo.

Cuando inevitablemente surgió un plan B y ya no vamos a asistir al evento que nos invitaron, hay que avisar cuanto antes. No se vale cancelar por flojera, porque la gente que nos está convidando le dedicó tiempo, dinero y esfuerzo, aunque sea logístico, para invitarnos.

Cuando somos los anfitriones

Cuando nos toque ser anfitriones, lo ideal es recibir a nuestros invitados en la puerta. Cuando trabajaba para la Comisión de Relaciones Exteriores del Senado de la República me impresionaba mucho el protocolo en las recepciones de las embajadas. Los embajadores siempre estaban en la puerta recibiendo a los invitados, por eso, como invitado es muy importante ser puntual.

Si como anfitriones no podemos recibir en la puerta porque estamos terminando con los detalles de los preparativos o estamos ya atendiendo a otros invitados, debemos delegar esa atención a alguien más, desde los hijos hasta un mesero, para que se encarguen de darles la bienvenida, recibir sus sacos, paraguas, abrigos... y mostrarles el camino. El mismo protocolo debe realizarse a la salida, alguien los debe acompañar hasta la puerta para despedirlos.

Al presentar a las personas, se le hace la cortesía al "mayor" de edad o de puesto y, si se trata de dos personas "similares" en edad, puesto, jerarquía, etc., entonces la cortesía es para la mujer: a la persona "mayor" le presentas a la "menor", para decirlo de alguna manera fácil de entender, sin que estos adjetivos tengan absolutamente **nada** que ver ni con la calidad moral ni con la integridad o la dignidad de las personas.

Siempre es bueno ayudarles a romper el hielo, con algún antecedente de quién es quién o algún tema de interés para los dos, para que puedan entablar una conversación antes de desaparecer y dejarlos solos.

Cuando a ti te presenten a alguien, siempre da la mano firme y haz contacto visual; repetir el nombre de la persona que nos acaban de presentar es un buen detalle hacia el otro, además de que es una buena estrategia para recordarlo —soy muy buena para recordar caras pero fatal para los nombres, y eso me hace sentir que soy una persona grosera.

Los besos son para la familia y los amigos, la verdad es que deberíamos saludar, al menos de entrada, de mano (esto aplica especialmente en el ámbito profesional). Lo que pasa es que eso de ser tan frío y tieso tampoco me parece correcto. Quizá sea suficiente "medir el terreno" antes de decidir a quién sí y a quién no saludamos de beso, sin caer en una regla estricta.

Para saludar, mi abuela me enseñó que las mujeres se quedan sentadas cuando alguien las viene a saludar y, en cambio, los hombres siempre se deben poner de pie. Pero también me enseñó que las mujeres se deben levantar al saludar a una mujer mayor o a una mujer embarazada (realmente ella y su espalda van a agradecer no tener que agacharse), o cuando se trata de un hombre de jerarquía como el jefe en la oficina, un embajador, un sacerdote...

¡Señoras!, no sintamos la "independencia y autosuficiencia" amenazadas por la caballerosidad, no tiene nada que ver, dejemos que nos traten bien y bonito.

¡Señores!, sean caballerosos con la mujer que tengan a un lado, ayúdenos a jalar la silla para sentarnos, póngase de pie cuando nos paremos de la mesa, al menos cuando lo haga la mujer que tengan directamente a un lado.

Sentirse a gusto y cómodo en cualquier situación y tener la tranquilidad de que "sabemos cómo hacerle" es básico para pasarla bien en cualquier encuentro social. —Para mí, esto también es una forma de mejorar nuestra calidad de vida y acercarnos al buen vivir.

Los "buenos modales" en la mesa

En ningún momento tengo la intención de educar a nadie —a duras penas estoy logrando educar a mis hijos y ya con eso tengo suficiente— ni pretendo convertirme en un falsa guía que le diga a los demás lo que tienen que hacer o dejar de hacer —me parece arrogante quien lo hace.

Mi única misión es tratar de aportar un granito de arena para invitar a todos, y empiezo por tomar conciencia de mis propios modales y mi florido léxico, a embellecer nuestra vida diaria a través de pequeños rituales que nos acerquen con los demás de una forma más armoniosa.

Tampoco pretendo conocer la verdad absoluta sobre los "buenos modales" ni me interesa imponer mi visión al respecto, sencillamente, quiero compartir contigo algunas herramientas de las convenciones sociales para que sepas por dónde empezar.

Primero me gustaría justificar mi vocación como vocera de algunas formalidades sociales diciendo, simplemente, que siempre tenemos, al menos, dos opciones: podemos elegir la cortesía como parte de nuestros actos cotidianos o no hacerlo, podemos pedir las cosas por favor y dar las gracias, o no hacerlo, podemos salir a la calle bien presentados o no hacerlo, podemos hacer de nuestras comidas un ritual con nosotros mismos y los demás, que vaya mucho más allá de alimentar nuestro cuerpo físico, o no hacerlo... y todas esas elecciones, en el momento en que se presentan, dependen sólo de cada uno de nosotros.

El asunto es que aunque la elección sea nada más nuestra, lo que elijamos como opción de vida sí va a impactarnos directamente y, de rebote, a quienes nos rodean. Por eso es importante pensar antes de elegir y, en el fondo, elegir lo uno no tiene por qué ser más difícil que elegir lo otro.

Para todos los ámbitos de la vida hay "buenos modales", pero pienso que es en la mesa cuando más se agradecen: no hablar con la boca llena, limpiarnos antes de beber y saber usar los cubiertos son maneras de respetar a los demás y son el principio, como inicio y como fundamento, de una buena convivencia.

> Una persona estúpida jamás y en ningún sitio se comporta más neciamente que en la mesa, mientras que una persona con agudeza de ingenio tiene en la mesa la mejor ocasión para lucir sus facultades.

> *Grymod de la Reynière*

Algunas veces es muy fácil saber qué y cómo hacerle en la mesa, pero en otros casos es fácil sentirse como *Pretty woman*: no estamos muy seguros de qué cubierto corresponde o si se vale agarrar la comida con los dedos, por ejemplo. Para esos momentos, trataré de ser clara y práctica para contribuir a que cada uno pueda armar su propio kit[2] de supervivencia social. Vamos paso a paso:

· La servilleta. En cuanto estemos sentados a la mesa (con la espalda derecha pero sin estar "tieso"), se coloca por el lado izquierdo, suavemente, sobre las piernas. Un pequeño detalle: se debe usar siempre antes y después de beber porque pocas cosas son tan asquerosas como ver la copa del comensal de al lado toda embarrada.

Si nos urge ir al baño, nos levantamos y la servilleta se deja levemente doblada de lado derecho para indicar que estamos ocupando el lugar y volveremos. Al terminar de comer, se dobla

---

[2] Estuche.

un poco más, aprovechando para camuflajear cualquier rastro de *lipstick* (lápiz labial) o salsa, y se deja del lado izquierdo para indicar que ya nos retiramos de la mesa.

El brindis:

Cuando alguien hace un brindis, sólo esa persona se pone de pie y los demás, simplemente, levantan la copa a la altura de los ojos pero se quedan sentados. Si quien propone el brindis no es el anfitrión, entonces nada más el anfitrión se pone de pie para correr la cortesía. Sería un caos de sillas y ruido si todos los presentes se pararán también.

Todos sabemos que los codos no se apoyan en la mesa. Las dos manos deben estar siempre a la vista, nunca sobre las piernas, y los codos deben estar pegados al cuerpo al comer: mi abuela continuamente nos preguntaba si estábamos andando en motocicleta cuando los codos se abrían demasiado y ahora uso esa misma metáfora con mi hijo y suceden dos eventos felices: me echa una sonrisa maravillosa y baja los codos de inmediato.

· Los cubiertos. Si te sientes *Pretty woman*, acuérdate que hay una lógica en el montaje de mesas: se van tomando los cubiertos de afuera hacia adentro, por ejemplo: los que son para el entremés y la sopa están más afuera porque se usan primero y, más pegados al plato, van el tenedor y cuchillo para el plato fuerte, porque se utilizan después. En esa misma lógica, cada cubierto se coloca del lado de la mano con que se debe tomar: el tenedor se coloca del lado izquierdo porque se sujeta con la izquierda, mientras que la cuchara y el cuchillo, a la derecha porque se usan con la derecha.

· Los cubiertos de postre se pueden colocar desde el principio, al frente y al centro del plato, entre las copas y el platito de pan, y se toma el tenedor de postre con la izquierda y la cuchara con la derecha. A veces se pone también cuchillo de postre, entonces se coloca al ras del plato, en el mismo sentido que la cucharita.

· Todas las bebidas se colocan del lado derecho, porque se toman con la derecha, y el platito del pan queda a la izquierda.

En el estilo europeo nunca se cambia de mano el tenedor ni se sueltan los cubiertos entre bocados, a menos que vayas a tomar agua o a limpiarte la boca: cortas un bocado, comes, cortas un bocado, comes, etc., en cambio, en el estilo americano, puedes cortar hasta tres bocados seguidos, luego dejas el cuchillo en el plato y cambias el tenedor a la derecha.

En cualquier caso, nunca se debe estar "gesticulando" con los cubiertos en la mano. Comes y dejas los cubiertos descansar. —La otra frase célebre de mi infancia es: *"No eres director de orquesta ni los cubiertos son tu batuta".*

Si no hemos terminado de comer, los cubiertos se dejan así:

Si ya terminamos, se dejan así:

La anfitriona es quien indica el inicio de la comida cuando empieza a comer. Al terminar, esperamos a que ella se levante para retirarnos de la mesa, a menos que sea una "emergencia" y, en ese caso, hay que disculparse discretamente, diciendo *"con permiso"* (no es necesario anunciarle a todos a dónde vamos).

Si de plano tuviéramos que irnos a media reunión por una emergencia o porque tenemos otro compromiso al que no podemos faltar, hay que tratar de avisarle, desde el principio, a los anfitriones. Lo ideal sería, cuando menos, terminar la cena (disculparse, por ejemplo, justo antes del café).

> Cada quien lo suyo: no se meten los cubiertos para probar la comida del plato de al lado, aunque se vea más rica que la nuestra. Y, al compartir un platillo, se pide dividido desde el principio para no estarse rolando los platos a media comida.

—A mí no me dejaban ni tomar una llamada mientras estábamos a la mesa, tenía que pedir que me hablarán después y yo, ahora, a mis hijos, tampoco los dejo. Tal vez parezca anticuado, pero casi nada puede ser tan urgente y, la hora de la comida, debe ser un momento tranquilo para estar con los que sí estamos.

Etiqueta en redes sociales

Móviles, *beepers*, *twitter*, *chat*, *facebook*, *radiolocalizadores*… nada de eso deberíamos llevar a la mesa. Es chocante ir a tomar un café o a comer con alguien y que se la pasen checando su blackberry y es igual de nefasto estar revisando el whattsapp durante una cena. También es horrendo estar oyendo los bips, zumbidos, vibraciones y demás ruiditos en todo momento. Por eso, si estamos esperando un mensaje importante, hay que ser discretos y checarlo rápido o, de plano, mejor disculparnos un momento y acabar con el asunto antes de regresar a la mesa.

Para servirse la comida, siempre se hace por la izquierda, así sea que un mesero nos detenga el platón o que se trate de una comida informal donde nos vamos pasando los platones.

Los meseros también nos van a servir siempre por nuestra izquierda, y deben retirar por la derecha (sólo las bebidas se sirven por la derecha porque la cristalería está de ese lado y se toma con esa mano).

Al servirnos, el tenedor se coge con la mano izquierda y con la derecha se toman la cuchara, el cucharón, el cuchillo o la pala. Obviamente, nunca hay que usar nuestros cubiertos para servirnos, ni empujar nada con los dedos.

Hay que servirnos rápido porque los demás comensales están esperando y con cuidado para no ensuciar ni el mantel, ni al mesero ni la alfombra.

No cuesta nada pedir las cosas: *"por favor"* y dar las *"gracias"* por la sal, el pan, la salsera... Desde mi punto de vista, la manera en que tratamos a un mesero dice mucho de la persona (no saldría con ningún hombre que tratara mal a la persona que le sirve).

Si necesitamos algo, lo llamamos discretamente, pero nunca se les chifla ni se les truenan los dedos. Por cierto, cuando ya no queremos que nos sirvan más cantidad de un plato o bebida, no se pone la mano sobre el plato o la copa ni es necesario arrebatarlos, es suficiente con decir: *"No gracias"*.

Todos los días, solos o acompañados, en casa o en el restaurante, entre amigos o en la cena súper elegante de la oficina, hay que cuidar los modales en la mesa y fuera de ella: comer sin hacer ruido, sin "tronar la boca" ni hablar con la boca llena, sin golpear los cubiertos contra el plato ni gesticular con ellos en la mano.

No es necesario dejar el plato como si estuviera "lavado", no se tiene que inclinar para sacar toda la sopa ni tampoco raspar con el tenedor y menos con pan para aprovechar la salsita que quedó en el plato.

A cualquiera se le puede atorar un trozo de comida entre los dientes, pero nadie más tiene porque enterarse, por eso nunca se usa el palillo en público, ni siquiera con discreción, si fuera necesario, uno se levanta de la mesa y, ya en la intimidad del "tocador", se libera.

Esto es medio asqueroso pero muy importante: siempre hay que tragarse todo el bocado antes de beber para no dejar bucitos y limpiarse la boca **siempre** antes de beber, para no embarrar la copa; ver eso es muy desagradable para los demás comensales.

Si de pronto tenemos un accidente, se nos cae comida y manchamos el mantel o si vaciamos el vino o una copa se nos rompe, no debemos hacer un drama. Si hay servicio, ellos se encargarán de limpiar y hay que dejarlos, simplemente, haciéndose a un lado para no estorbar y cambiar la conversación para no estar más tiempo apenado y disculpándose.

Fumar daña nuestra salud y la de los demás, aparte ya está pasado de moda. Nadie debería hacerlo, y menos en la mesa y entre platillos. *"A donde fueres, haz lo que vieres"*. Si los anfitriones fuman o tienen puestos ceniceros, entonces sí se puede, pero, idealmente, fuera de la mesa. Si de plano se llegara a fumar durante la sobremesa, de ninguna manera se usan los platos sucios como cenicero.

En la mesa uno no se suena la nariz, ni se pinta los labios, ni se unta crema de manos, ni se peina... para eso está el "tocador" donde las damas van "a polvearse la nariz".

Al fin de la comida en un restaurante, el plato se deja donde está, la servilleta se coloca en la orilla de la mesa y la silla se echa para atrás sin hacer demasiado ruido al levantarse. En una casa la silla sí se vuelve a meter, pero en un restaurante o salón no es necesario.

 ## Pregúntale a Natalia: los consejos de mi abuela

- La servilleta jamás se anuda al cuello, siempre se coloca sobre las piernas y, si está muy grande, se deja doblada a la mitad.
- Si la comida está muy caliente, no se le sopla, sencillamente se espera un poco.
- Al servirse, se trata de no tomar ni el pedazo más grande ni el mejor, sírvete justo el que toca.
- Cuando estemos a punto de terminar la sopa o la salsa, no se inclina el plato ni se rascan los restos con los cubiertos: lo que sobra, sobra.
- Nunca se usa el cuchillo para cortar ni el pan, ni la ensalada, ni los huevos, ni los pasteles, sólo se usa el tenedor.
- El cuchillo puede servir para montar los bocados sobre el tenedor y para doblar la lechuga aunque, por lo general, los anfitriones deben de cortarla un poco para hacerlo más fácil.
- Nunca se chupa el cuchillo ni se utiliza la punta para servirse sal.
- El pan no es botana, no se empieza a comer hasta que sirven el primer plato y en los restaurantes deberían traerlo junto con la comida, no antes.

❀ Si no sabemos lo que nos estamos sirviendo, es preferible servirse poco, no nos vaya a pasar como a Indiana Jones cuando le sirvieron el helado en la cabeza de un mono y al revolverlo le aparecieron los ojitos flotando. Si hay un mesero o la anfitriona está cerca se le puede preguntar qué es.

❀ Si algo no nos gusta o estamos a dieta, sugiero servirse una probadita y no hacerse notar. Nuestras dietas, enfermedades del estómago y alergias no tienen porqué volverse parte de la conversación.

❀ El caviar se "monta" con una cucharita, no se "unta".

❀ Al terminar un mango, no se le quita el tenedor trinche, se deja así pinchado y, para comerlo, se le corta la carne con tenedor y cuchillo. Pero en casa, es perfectamente válido comérselo a mordidas porque es uno de los placeres de la vida.

❀ Los huesitos de aceituna o cualquier pepita o tropiezo, no se escupen, sólo se retiran de la boca con el tenedor o, a falta de éste, con los dedos pero de forma muy discreta. Me acabo de acordar de otra escena de *Pretty woman*, cuando Edward le pide a Vivian que se deshaga de su chicle antes de entrar a la tienda de Rodeo Drive y ella, sin más, se voltea, lo escupe y sigue caminando...

❀ No necesitamos ayudarle al mesero cuando nos está sirviendo, tampoco se le acerca el plato ni la copa. Y, si algo se nos cae al suelo, generalmente el mesero lo va a recoger. En el caso de que no haya servicio, cada quien ve cómo se las arregla, se puede llamar de forma discreta al perro o avisarle a la anfitriona al final.

❀ ¡Ojo con el alcohol!, todos sabemos lo que pasa cuando se nos pasan las cucharadas.

❀ ¡Ojo también con la conversación!, es mejor evitar temas polémicos cuando no vengan al caso.

❀ Si hay un código de vestimenta, lo mejor es hacerle caso para que nadie se sienta incómodo.

❀ Caballeros, cuiden que a las damas no les falte ni agua ni vino, sírvanles antes de que ellas tengan que pedirlo. Una mujer jamás debería tener que servirse sola ni el agua ni el vino.

❀ Nunca sobra agradecer las invitaciones. Se puede desde mandar unas flores con una tarjeta o, simplemente, al día siguiente hacer una llamada, mandar una tarjetita o hasta enviar un mail.

❀ En un cumpleaños, bautizo, comunión o titulación es un buen detalle llevar regalo, aunque sea un ramo de flores.

❀ En una boda, por lo general, se envía el regalo directamente a la casa de los novios o de sus padres o, si tienen mesa de regalos, la tienda se hace cargo de la entrega.

❀ Hay que evitar los regalos ostentosos y decir no al roperazo.

> Al mandar flores para dar un pésame, se envía la tarjeta con la esquina izquierda doblada.

❀ *Pregúntale a Natalia*: lo que sí y lo que no se puede comer con los dedos

❀ **Lo que sí:**

Los tacos.

Las tortas.

El pan (nunca se remoja en la salsa, sólo está permitido en el caso del huevo estrellado).

Los espárragos, a menos que estén salseados.

Las aceitunas.

Alcachofas (el corazón sí se come con los cubiertos).

Los canapés dulces y salados, todos los bocadillos.

Frutas pequeñas: uva, cereza, fresa (ni las semillas ni el huesito se escupen, se retiran con el tenedor o cucharita, si no hay, se hace discretamente con la mano).

Galletitas, merengues, chocolates, polvorones, mazapanes, turrones de Navidad.

Dulces de cualquier tipo, desde peladillas y pasitas con chocolate hasta manguitos con chamoy.

Nueces, cacahuates, almendras...

De cómo comer alcachofas:

Mi señor Ludovico me dice que he de ingeniar un medio por el cual comer alcachofas sin escupir sobre la mesa nueve décimas partes de lo que uno se ha metido en la boca. Este medio es sencillo. Las hojas se quitan del fruto antes de la comida y se deja solamente el corazón de la alcachofa que es todo lo comestible y del que no hay necesidad de escupir parte alguna.[3]

Cuidado: Todo lo que se sirve en un plato común
se debería tomar con una cucharita para no meter
los dedos en un alimento que todos van a compartir.
Entonces, si se va a servir pistaches o nueces de la India,
se deben poner cucharitas.

---

3 Compilación y edición de Shelagh y Jonathan Routh, *Notas de cocina de Leonardo da Vinci (Leonardo's kitchen Note books. Leonardo da Vinci's notes on cookery and table etiquete)*, 1987, Williams Collins, & Sons Co. Ltd., Primera edición de esta colección diciembre de 1999, Ed. Temas de hoy, España, pp. 99—100.

Siempre hay que desconfiar de los platitos con cacahuates que sirven en los bares, ya que todo mundo les mete mano y sólo rellenan el mismo plato.

✿ Lo que no:

Algunos alimentos requieren cubiertos especiales. Si no los tenemos es mejor no ser pretensioso y servir otro platillo.

Existen pinzas especiales para sujetar los caracoles y un tenedor de dos púas para extraerlos del caparazón. ¡Cuidado!, o va a suceder, otra vez lo de *Pretty woman* y va a salir volando el caracol (y no siempre hay un mesero listo para cacharlo).

Mariscos: según el tipo, se puede utilizar desde los cubiertos habituales de pescado para camarones, pulpo y calamares, por ejemplo, o los tenedorcitos especiales para cóctel hasta los cubiertos específicos para romper el esqueleto de cangrejos, jaibas y langostas. También se puede sacar la carne ya sea con el cubierto especial que funciona como pala de un lado y como ganchito del otro o arreglarse con los cubiertos que se tengan disponibles.

En cualquier caso, en una cena formal, si te dan cola de langosta, no te preocupes ya que te la deben servir separada del esqueleto y no vas a tener ninguna complicación.

Para las conchas, puedes usar el tenedor o cucharita de cóctel o ayudarte con una de las conchas para sacar la carne de las otras; es muy fácil hacerlo, por ejemplo, con los mejillones.

Fruta: aunque no estemos acostumbrados, se deben usar los cubiertos para pelar o cortar una naranja, una manzana, una pera, etc. El tenedor sirve para sujetarlas y con el cuchillo se separa la piel. El kiwi se puede partir por la mitad y tomarlo con una cucharita.

✥ Lo que nunca:

El pollo y la carne con huesos no se toma con las manos: los cubiertos se deben usar para separar la carne de los huesos. Si en un restaurante pides alitas de pollo o alitas BBQ las puedes coger con las manos, pero siempre con pulcritud.

Tips para verse y sentirse siempre bien

De chica escuché a una locutora de radio decir que siempre deberíamos cuidar nuestro arreglo personal hasta para ir al supermercado, porque tal vez ahí conoceríamos al hombre de nuestros sueños. No sé por qué esa frase se me quedó muy grabada y, aunque la verdad ya no me creo el cuento del príncipe azul, y mucho menos en el súper, creo que no sobra andar bien arreglada por la vida. Es · a manera de respetarse a uno mismo y de paso, ser agra·   ·s demás, al menos a primera vista. Porque eso sí   e te arregles, si eres desagradable o mal ed·   ·no los demás van a notar que única·

                                  ª de la imagen, me parece
                                  no se compra con dinero ni
ta.   · divina. La clase es una actitud
que ·   · capacidad de ser sensible a las necesida·   ·s. Lo que proyectamos siempre viene de adentro y ·   ·uién somos como persona.

Algún día en cualquier parte, en cualquier lugar
indefectiblemente te encontrarás a ti mismo, y ésa, sólo ésa,
puede ser la más feliz o la más amarga de tus horas.

Pablo Neruda

Ahora está muy de moda asesorarse profesionalmente en imagen personal. —Yo contraté a mi amiga Gabriela Pérez Palma[4] para saber qué colores, texturas y cortes, entre otras herramientas, favorecen mejor mi estilo propio y la verdad me pareció un recurso maravilloso para sacarme partido y verme mejor. Pero, por mucho que gastemos en lo de afuera o que queramos convencer con una campaña de *"branding personal"*[5] a los demás, si no somos congruentes por dentro y por fuera, si no somos auténticos y "de a de veras", eventualmente, saldrá a relucir.

Yo pienso que el dicho *"aunque la mona se vista de seda, mona se queda"* va más allá de su significado más literal. Es más cierto que cuando hay incongruencia entre nuestro interior y la imagen que queremos proyectar, eso se nota porque al final, lo que queda de nosotros es lo que realmente somos. Sobra decir que cuando la uña, la pupila o, peor aún, la sonrisa, son de mentira, se nota también.

Me parece que nuestro cuerpo y nuestro arreglo personal son una manera de comunicarnos con los demás. Cómo nos vemos va de la mano con cómo nos sentimos. Hay algo de verdad en que: *"Como te ven, te tratan"* y, generalmente, nuestra apariencia es un reflejo de nuestro interior.

Nuestro cuerpo es importante y debemos cuidarlo y tratarlo bien para tener salud y bienestar, de igual manera, debemos cuidar cómo lo presentamos al mundo porque es el vehículo para entrar en comunicación con los demás.

El porte, la mirada, los gestos, la manera de hablar y com-

---

[4] Directora del Centro Internacional de Imagen Aplicada. Correo electrónico: gabriela@indigo—image.com

[5] Estrategia para convertirse uno mismo en una marca, gestionando las percepciones de los demás sobre nosotros para posicionarnos con una imagen específica en el mercado laboral o, incluso, socialmente. Es una herramienta útil pero si no se acompaña de un contenido, se convierte en un cascarón.

portarnos, reflejan nuestro interior y debemos ser congruentes en todo. Entonces, si podemos vernos impecables y transmitir seguridad y autoestima todos los días, ¡qué mejor!

La belleza y la inteligencia no tienen que estar peleadas, ni la belleza con la integridad. —Ese principio se lo agradezco a mi familia y a la generación en la que nací, porque ya las feministas se encargaron de demostrar la inteligencia y capacidad de las mujeres y ahora, a nosotras, nos toca la libertad de elegir cómo queremos vernos y vestirnos.

No se trata de perderse tras una marca, una moda, un accesorio o un atuendo, porque la gracia es, simplemente, verse bien resaltando nuestra persona. Darse el tiempo de arreglarse para verse y sentirse bien es aún más importante en un evento formal o en una boda. Por eso es esencial seguir la sugerencia de etiqueta de las invitaciones, ante la duda, es preferible y menos incómodo para todos, pecar de ir vestido de más que de menos.

Para no equivocarnos, hay que evitar los excesos: mucho maquillaje, demasiado perfume y colgarse "hasta el molcajete" nos aleja más y más de la elegancia.

Pregúntale a Natalia: Menos es más

❖ Para nada soy asesora de imagen ni diseñadora de modas, pero sí les puedo compartir una lista de lo que me parece importante tener en cuenta siempre. Si quieres una asesoría profesional personalizada busca a un experto. —Yo recomiendo muchísimo a la mía.

❖ No sobrecargarse de accesorios; Gabriela mi asesora, me confirmó que hasta tres están bien y que el reloj y los aretes no cuentan, pero el cinturón sí.

❀ Usar, máximo, siete tipos de materiales o texturas entre zapatos, vestido, cinturón, bolso, saco, pantalón, blusa...

❀ No mezclar más de tres colores lisos a la vez.

❀ Venir al caso con nuestra edad y con el cuerpo que nos tocó o nos hicimos para bien o para mal.

❀ Hay que saber qué ponerse, dónde y cuándo.

❀ Aunque nos den ganas de llorar, debemos usar la talla que somos, no la que nos gustaría ser.

❀ Es importante invertir en buenos brassieres, de la talla y soporte necesario.

❀ La ropa interior es interior, no se debe asomar, ni marcar, ni transparentar. Cuando esté fea, se corta con unas tijeras y se tira a la basura. **Nunca** se regala ni se dona.

❀ Una mascada de buena calidad nunca va a pasar de moda y siempre es como un ascenso de turista a "clase ejecutiva" de nuestro *look*. Es una inversión rentable.

❀ Vale la pena comprar menos ropa pero de mejor calidad.

❀ Ir anunciando marcas por todas partes, no sé en qué momento se puso tan de moda, y perdón, pero me parece de nuevo rico. ¡Qué necesidad de andar todos con la misma sudadera y todas con el mismo bolso!

> Los tontos no gustan de admirar las cosas
> sino cuando llevan una etiqueta.
>
> *Georges B. Clemenceau*

❄ Mi mamá tenía una obsesión por los zapatos bien boleados y realmente tenía razón. Unos zapatos sucios o
descuidados te pueden arruinar el mejor atuendo. Pueden estar viejitos, pero siempre limpios y bien cuidados.

❄ Yo siempre traigo en mi coche una esponjita para bolear
sin color, las venden en el supermercado. Si salgo de
viaje me llevo una más pequeña. Si en casa no tienes lo
necesario para darles grasa como se debe, párate diez
minutos con cualquier bolero de la calle, en serio hace
la diferencia. A veces, para renovar un par, es suficiente
cambiarle las agujetas o el tacón.

❄ No andar con la ropa arrugada. Vale la pena invertir
en una plancha de vapor para darle una pasadita a la
ropa antes de vestirse, quitarle la marca del gancho y las
arrugas del uso anterior cuando no hace falta lavarla o
mandarla a la tintorería.

❄ ¡Cuidado con las medias corridas! Y, por favor, nunca
se usan medias con sandalias.

❄ ¡Ojo con el tirante del brassiere salido de las mangas,
hay un tipo de brassiere adecuado para cada modelo!

❄ Lavarse el pelo es muy importante, esa costumbre de las
abuelas que se lavaban la cabeza una vez a la semana
en el salón cuando las peinaban, ya no aplica... Y eso de
que no me baño porque estoy enfermo, tampoco.

Una mujer con el pelo arreglado y unos zapatos bellos
se siente guapa. No necesita más, ni maquillajes ni crema.[6]

Rossano Ferretti

---

[6] Peluquero italiano mundialmente famoso en entrevista para El País Semanal, texto
de Ana Fernández Parrilla, Domingo 22 de abril del 2012, Núm. 1856, pp.82.

❀ El pelo seco, otra obsesión de mi madre. Nunca deberíamos salir de casa con el pelo mojado pero eso es casi imposible, entonces, al menos, hay que asegurarnos de no ir a ningún evento ni profesional ni social con el pelo mojado.

❀ Si usas tintes, recuerda retocarte las raíces cada que haga falta. Hay un crayón de emergencia que puedes comprar en cualquier tienda de productos de belleza.

❀ Las uñas siempre deben estar impecables, aunque sean cortas y sin barniz. Si te las vas a pintar no debes traer el barniz de uñas descarapelado.

❀ ¡Ojo con el mal aliento y el olor a sudor!

❀ ¡Ojo con la caspa!

❀ Señoras, nada de pelos en piernas y axilas. Con la depilación láser ya no hay pretexto, también hay cremas depilatorias, cera y rastrillos.

❀ En las oficinas no se deberían usan sandalias ni huaraches. Enseñar los dedos de los pies es para el verano y para la noche.

❀ No se viste uno de noche, ni brillante, ni escotada, ni transparente para ir a la oficina.

❀ La ropa de día es de día (sandalias, alpargatas y huaraches), la de noche, de noche (transparencias, brillos...).

❀ No se mezcla la ropa de distintas estaciones, por ejemplo: nunca combines una sandalia veraniega con abrigo de lana o short de lino con suéter de angora, a menos que seas como Carrie Bradshaw[7]: para el resto de los

---

[7] Sarah Jessica Parker interpreta a Carrie, el personaje principal de la serie "Sex and the City", creada por Candace Bushnell y producida por HBO. Es una neoyorkina en sus treintas, escritora y columnista semanal de un periódico local donde escribe sobre las relaciones de pareja en la Gran Manzana. Su particular manera de vestir la convirtió en un ícono y referencia de la moda más allá de la serie televisiva. —Me encanta.

mortales no aplica. En época de lluvias se usa más el charol, las botas para lluvia, las gabardinas; en otoño/ invierno: la piel labrada y el ante; las sandalias y alpargatas son para primavera/ verano y para la playa.

- En la playa no se usan joyas, o se usa lo mínimo.

> En cualquier evento, nuestros invitados o anfitriones merecen que nos esmeremos en nuestro arreglo personal. Es la manera de agradecer que se hayan tomado el tiempo y la logística de venir a nuestra casa o de convidarnos a la suya y devolverles la cortesía.

CAPÍTULO 3

TODO PARA NIÑOS:
¿CÓMO PLANEAR SUS EVENTOS
Y DISFRUTAR CON ELLOS
EL BUEN VIVIR?

¿CÓMO ORGANIZAR Y SOBREVIVIR
A UNA FIESTA INFANTIL?

Para organizar una fiesta infantil puedes guiarte también con los lineamientos generales que propongo al principio del capítulo 2 (Para sobrevivir al recibir: ¿cómo organizarse para planear un evento?)

¿Qué tipo de fiesta?

Primero define el tipo de evento que vas a armar. Con hoja y pluma en mano ve pensando y toma en cuenta:

·   El espacio donde harás la fiesta.
·   El presupuesto.
·   La edad del festejado.
·   Las actividades que puedes organizar.
·   ¿El tipo de variedad o entretenimiento que te gustaría?
·   La decoración que puedes conseguir en función del "tema".
·   La comodidad y seguridad de las instalaciones.
·   El espacio disponible para estacionarse.
·   El menú.

Idealmente, debemos incluir a los festejados en los preparativos de la fiesta. De acuerdo a su edad, puedes involucrarlos más o menos en la toma de decisiones, porque no es lo mismo el pastelito para celebrar el primer año de tu bebé con los abuelos y tíos que la fiesta de tu puberta que está pensando en Lady Gaga al imaginarse su cumpleaños número doce.

Toma en cuenta que la fiesta no es tu fiesta, es la fiesta del festejado, o sea, que no trates de decidir todo y deja que participe. Acuérdate que lo más importante (sí, más importante que las flores, el mago, la comida, los dulces de la piñata y la figurita del pastel...) es que tu hijo/a se la pase súper en su fiesta, y no que tú aproveches la ocasión para cumplir con todos tus compromisos sociales o impresionar a la comadre con una producción que ni viene al caso.

¿Cómo elegir el tema?

Temas hay muchos, infinidad, desde dinosaurios hasta princesas, pasando por los personajes favoritos, los deportes —fut, patinaje, etc.—, los payasos, animales, piratas, hadas, estrellas, ballet, discoteca o disfraces, por mencionar sólo algunos por si no te llega la inspiración.

Puede ser una pijamada para chicas y tomar el té o una acampada de aventura en el jardín de la casa, eso es cuestión de cada quien. Lo que es un hecho es que el festejado es quien debería decidir el tema de **su** fiesta. Y algo lindo es tratar de integrar el tema en los distintos elementos, desde la decoración y las actividades hasta el pastel.

No tiene que ser una megaproducción ni la inversión de tu vida, se puede planear algo lindo, armónico, con un poco de tiempo y de ingenio. La cuestión está en el detalle.

¿Cómo invitar?

El festejado puede elaborar sus propias invitaciones haciendo, por ejemplo, un dibujo y se le sacan copias; otra opción es comprar las invitaciones que venden por docena y que él escriba, con su puño y letra, el nombre de sus invitados, o diseñar invitaciones electrónicas con el personaje que más le guste en ese momento.

Además de la invitación "de papel", me parece importante que la mamá o papá del festejado llame directamente a la mamá de cada uno de los invitados para formalizar la invitación y confirmar la asistencia.

Aclara si los papás y hermanos son bienvenidos y asegúrate que no queden dudas sobre la logística de la entrega en caso de que te los lleves desde el colegio.

Delimita el horario de la fiesta

Las invitaciones en papel se deben entregar con cierta anticipación, me parece que con dos semanas estará bien.

¿Qué duración?

Las fiestas infantiles no deben durar mucho tiempo y entre más pequeños sean los niños, más cortas deben ser, ya que se cansan, lloran y tienen hambre rápidamente.

Se puede perfectamente indicar el horario de inicio y fin de la fiesta en las invitaciones escritas. Hay que intentar ser sensatos y planear una fiesta de acuerdo a la edad de los niños, se trata de que ellos se la pasen muy bien.

¿Cuántos invitados?

Si son pequeños, demasiados niños sólo armarán tal alboroto que terminarán llorando. Alguna vez me dijeron que para no equivocarse, hay que invitar un amiguito por cada año de vida…

y no me suena tan descabellado. También hay que tomar en cuenta que haya suficientes adultos para cuidar a todos y tener bebida y comida suficiente.

Otro factor para decidir el número de invitados es el espacio y presupuesto disponible.

¿Dónde?

Si es en casa, es buena idea delimitar el área, por ejemplo: nadie pasa a las recámaras. Así la fiesta se concentra en la sala, comedor y jardín, si es el caso.

Si la fiesta es fuera, hay que elegir un lugar accesible y seguro.

Si vamos a reservar algún salón o jardín, hay que hacerlo con tiempo para que haya disponibilidad y preguntar qué equipo, personal y alimentos se incluyen en paquete. Y no sobrará confirmar la reservación del lugar una semana antes del evento.

¿Qué actividades?

En función de las edades de los niños se pueden organizar distintas actividades. Hay que planear lo que vamos a hacer para cubrir bien los tiempos. Se pueden prever treinta minutos para comer y otros diez para cantar Las Mañanitas, partir y comer el pastel.

Si hay piñata, puede durar otra media hora. El espectáculo de magia, payasos, cuentacuentos, etc., suele durar entre cuarenta y cinco y sesenta minutos. Se pueden organizar concursos y juegos durante otro rato.

Para los más chiquitos, entre uno y dos añitos, tal vez sea suficiente comer pastel y tener juguetes o pelotas en el suelo.

A los tres años les encantan los cuentacuentos, los espectáculos de princesas o las marionetas.

A los cuatro y cinco años disfrutan mucho los juegos y la piñata.

A los seis y siete años pueden hacer concursos y juegos y, quizá, un mago o payaso sea divertido.

Si son un poco más grandes, pueden ir en un grupo pequeño a comer pizzas y al cine, en plan "club de Toby" o "club de la pequeña Lulú" o ir al boliche y comer ahí el pastel.

Tener música, concursos y juegos adecuados a cada edad puede ser más que suficiente para que todos se diviertan y no se gasta una fortuna.

> Hay miles de concursos y juegos divertidos, desde "ponle la cola al burro", la carrera de costales y el juego de las sillas, hasta morder las donas colgantes, concurso de baile, maquillarse, hacer collares, actividades manuales... Sólo hay que hacer una lista, tener todo lo necesario e ir organizando las distintas actividades aprovechando el ritmo de la propia fiesta.

No olvidar:

- Confirmar a los invitados por teléfono un par de días antes.
- Armar un menú sencillo, adecuado a la edad de los invitados y en cantidades suficientes.
- Planear bien la decoración, no importa si son globos o mandaste hacer centros de mesa, puedes hacerlos tú con unos platones de lámina galvanizada y dulces, o poner platones bonitos y simplemente llenarlos con palomitas. Trata de que todo se vea bonito, que combine y que la gente se sienta a gusto.
- Que haya suficientes sillas y mesas para los adultos o, si es un día de campo, lleva manteles de tela o mantas para el suelo.

· Si tú vas a hacer las compras y a cocinar, trata de adelantar con uno o dos días de anticipación lo más que se pueda. Prepara con tiempo la gelatina, el pastel, compra el pan y el jamón de los sándwiches, etc.

· Prepara y ten listos los regalitos que vayas a dar a la salida, las bolsitas de dulces, los premios de los concursos... En los mercados grandes puedes comprar muchos detalles a precios realmente accesibles, pero no lo dejes para el último momento.

· Si hay piñata, no olvides la cuerda, el palo y las bolsitas. Rellénala antes de la fiesta, no enfrente de todos los niños.

· Si te van a dejar a los invitados, ten a la mano los teléfonos de sus padres y asegúrate de tener suficiente pila y el teléfono del pediatra en el celular. No sobra llevar un botiquín con lo indispensable para curar golpes y heridas.

· Si tienes mascota, piensa en encerrarla o encargarla con alguien, también puedes esconder al gato, te lo va a agradecer.

· Checa que haya suficiente jabón, papel y toallas de manos en el baño, y que todos sepan dónde es. Si están en edad de pañales, se agradece un lugar para cambiar a los niños.

· No olvides las velitas y la pala para el pastel.

Planes para disfrutar juntos el buen vivir

Cuando hacemos alguna actividad manual o nos metemos a la cocina con los niños, tenemos que recordar que su capacidad para mantener la atención en una misma actividad no es igual que la nuestra.

Un chiquito de cinco o seis años quizá tenga suficiente con treinta minutos, y esos periodos se irán haciendo más extensos a medida que vaya creciendo. Tenemos que elegir los planes en función de la edad y la personalidad de cada niño/a, y nadie conoce mejor que nosotros sus gustos, sus caprichos, sus frustraciones, sus fortalezas y debilidades.

La idea es pasar un rato divertido, estar relajado y abierto a que el plan no salga tal y como lo pensamos. Es una oportunidad para acercarnos, conocerlos mejor, que nos cuenten sus cosas y, ¿por qué no?, educarlos (aprender a perder, respetar las reglas, no hacer trampa, esperar su turno, trabajar en equipo...).

Te paso algunas sugerencias basada en lo que yo hacía o sigo haciendo con mis hijos, desde que eran pequeñitos hasta ahora, y de cosas que me acuerdo que a mí me divertían.

- Sentarse con ellos a recortar y pegar puede ser una gran actividad. Pueden escoger un tema (animales, naturaleza, bebés...) y buscar imágenes relacionadas en una revista. Luego armen un collage.
- Si estás cerca de algún jardín, pueden dar un paseíto y recolectar piedritas, hojas, ramas, plumas... y hacer una obra de arte, sólo necesitas una cartulina y pegamento.
- Si no hay jardín, abre tu despensa y saca pasta y semillas. Pueden pintarlas y hasta hacer collares. Rescata algún corcho de botella de vino o abre tu costurero y busca botones, lentejuelas, estambre... Es increíble todo lo que pueden hacer, sentándose juntos en una mesa, desde los

chiquitos de dos años hasta los adolescentes (a los grandes hazlos creer que ellos están a cargo y listo, se dejan llevar increíble).

- Un proyecto genial que hizo una de las maestras de mis hijos fue recolectar material de desecho (taparroscas, corcholatas, popotes, plastiquitos...) por colores y hacer esculturas. El proceso es muy divertido porque quizá durante una semana cada quien en la familia puede tener asignado un color y ser el encargado de buscar, identificar y recolectar la "basura" que le toca.

- ¿Qué me dices de saltar la cuerda, jugar resorte, escondidillas, las traes, quemados, bote pateado...?

- Armar un rompecabezas (va uno sencillo pero útil: fotocopia un mapamundi, marca las líneas del rompecabezas con un lápiz por la parte de atrás, cúbrelo con plástico adherente y lo recortas. Es facilísimo y de gran ayuda para aprender geografía).

- Enseñar a los hijos a jugar ajedrez —a mí nunca me enseñaron y ahora confieso que me encantaría aprender pero me da una flojera inmensa, por eso me encanta que mi esposo le haya enseñado a nuestros dos hijos— o, sencillamente, jugar turista.

- Si son más chiquitos, prueba jugar UNO o serpientes y escaleras, *twister* (no *twitter*) o memoria. En lo personal, a mí me encanta regalar juegos de mesa en los cumpleaños porque, además de que es divertido para ellos, es una manera increíble de pasar tiempo de calidad todos juntos.

No es necesario ir a un centro comercial ni tener que salir y gastar dinero para pasarla bien en familia. Tampoco tiene que ser aburrido quedarse en casa: eso de que cada quien esté conectado a su aparato electrónico personal y nadie hable ni interactúe con nadie me parece realmente triste y de consecuencias insospechadas. Mejor, prepara unas quesadillas o unas palomitas y este sábado en la tarde siéntense a jugar todos juntos.

Y todos juntos hasta la cocina...
Compartir la cocina con mis hijos es un doble placer y por eso me gusta tener recetas sencillas para preparar juntos, sin agobiarnos. Cocinar con los niños es una manera de acercarme a ellos, de enseñarles que el trabajo bien hecho trae un resultado delicioso y, de paso, es un gran lugar para que se expresen y "saquen la sopa" (es increíble todo lo que te pueden contar cuando están entretenidos y contentos).

¡Amárrate el delantal y manos a la obra con todos tus "niños"! (Hijos, sobrinos, amigos de la infancia y hasta con tu propio niño interior). La idea es que se diviertan, que preparen, mezclen y decoren y, de paso, platican a gusto durante el proceso.

Espero que logren el plan perfecto, desde ir con ellos a comprar los ingredientes, preparar todo, trabajar en equipo, volver a dejar la cocina en orden, poner la mesa o armar el día de campo y, finalmente, sentarse a degustar el platillo que todos juntos prepararon.

Como madre, y bien mamá gallina que soy, no concibo mi vida sin mis hijos. Organizarme para pasar tiempo divertido con ellos, haciendo actividades que nos saquen de la inevitable rutina y disciplina que se requiere para irlos educando y no morir en el intento, es de las mejores maneras que encuentro para disfrutar de ellos y también de mí.

Es una forma más de mejorar nuestra calidad de vida como individuos y como familia, y disfrutar del buen vivir.

EPÍLOGO

...A MANERA DE CONCLUSIÓN

A lo largo de este libro he dicho que el buen vivir se alcanza con esfuerzo y que es el resultado de la planeación y organización de nuestra vida diaria, porque eso es lo que a cada uno, como individuos, nos permite mejorar nuestra realidad cotidiana.

Juntos le hemos entrado a los temas de finanzas, tiempo, espacios y vida social a distintos niveles —individual, en pareja, familiar y social— y desde diversos ángulos.

Por ejemplo: hablé de la importancia de administrar el tiempo para hacerlo rendir y tener más horas para el disfrute personal; de cómo organizarse para sobrevivir a la paternidad y cómo equipar a tus hijos para que anden por la vida con más herramientas.

Te di los pasos para planear un evento social impecable que te permita compartir y disfrutar mejor la compañía de tus invitados, sin tener que morir en el proceso.

Te presenté algunas ideas para administrar mejor los recursos económicos a nivel individual e, incluso, la forma de organizar y acordar un presupuesto familiar para reducir los conflictos económicos dentro de la pareja.

Juntos revisamos las reglas del protocolo y la etiqueta para adaptarlas al siglo XXI y te sugerí algunas maneras para verte y sentirte mejor.

Y ahora ¿cómo reacomodar tus recursos internos para organizarte también por dentro?

Nuestro mundo interior y el entorno externo van de la mano, se retroalimentan en ambos sentidos: cómo estamos por fuera es un reflejo de lo que traemos por dentro. Basta, por ejemplo, con estar enamorado, para que el brillo de los ojos cambie y la gente nos diga: *¿Qué te hiciste? ¡Te ves tan distinto/a!*

Cuando nos sentimos bien, satisfechos y plenos, se nota por fuera y tenemos ganas de hacer cosas, somos más creativos y vemos la vida con mejores ojos. Por el contrario, cuando nos sentimos rebasados y desmotivados por dentro, si estamos deprimidos o enfermos, se refleja en nuestro aspecto y, simultáneamente, es muy probable que hasta nuestra casa sea un caos (la flecha aplica en ambos sentidos).

Además, independientemente de la religión que cada quien decida o no profesar y ejercer, me parece que no podemos olvidar que somos seres integrales y necesitamos "alimentar" no sólo a nuestro cuerpo físico, sino también a nuestra mente y espíritu para que "todo" fluya.

Somos seres de carne y hueso, pero también pensamos y sentimos. Formamos parte de un todo más grande que nosotros mismos: estamos ligados a los demás seres humanos, a la naturaleza y al universo entero.

Para ser muy pragmática, yo diría que el tema de la espiritualidad, como el dinero, el tiempo y los espacios, también necesita planeación y organización. Si queremos mejorar nuestra calidad de vida, ser personas mejores y, de paso, aportarle algo positivo al universo, tenemos que trabajar en ello de manera constante.

Como dice el anuncio de agua embotellada: *"Una escultura no se hace en un día"* y esta frase aplica a nuestro cuerpo, mente y espíritu, tenemos que empezar por ser autocríticos, conectarnos con nosotros mismos para conocernos mejor y dedicarle tiempo y energía, de manera cotidiana, a pensar qué hicimos, con quién, por qué, qué nos gustó, qué quisiéramos cambiar, etc.

Dicen que todos los caminos llevan a Roma, entonces cada quien decide por dónde va y cómo se conecta, cada uno elige si es a través de la introspección, la reflexión, la meditación, el voto de silencio o la actitud zen. Mientras uno vaya caminando, no importa si escogemos la pista verde, la azul o la negra. Lo importante es saber dónde estamos parados y a dónde y por dónde queremos ir, usando un poco más la cabeza y mucho más el corazón (y, por difícil que resulte, hay que tratar de usar menos las vísceras) e intentar vivir con más sentido y con más sentido del humor también.

No estoy implicando que tengamos que ser religiosos para darle un sentido a nuestra vida, sencillamente digo que tenemos que actuar de una manera más consciente y responsable ante nosotros mismos, nuestra familia, nuestra comunidad, nuestro país y nuestro planeta.

Como parte de la humanidad, todos estamos conectados, y es por eso que si mejoramos nuestra condición propia, vamos a ayudar a mejorar al mundo. Cada granito de arena sí ayuda y puede hacer la diferencia (no puedes rescatar a todos los perros de la calle, pero sí le puedes cambiar la vida a ese que elegiste salvar).

Mi terapeuta (por cierto, le debo mucho más de lo que le he pagado a lo largo de los años de psicoanálisis y le estaré eternamente agradecida) me explicó alguna vez que nuestras dinámicas con los demás funcionan como un sistema de engranajes: si mueves una parte, todo lo demás tiene que ajustarse. Pienso que esta metáfora aplica a nuestro mundo interior y también a nuestra relación con el universo.

Cada día estamos a tiempo de hacernos cargo de nosotros mismos, de aprender, de darle significado a lo que somos. Cada día podemos escoger que lo que hacemos cuente de verdad.

Finalmente, cada día podemos aportar algo útil a los demás y con eso hacernos la diferencia de una manera gratificante y, por qué no, incluso divertida.

Más allá de nosotros mismos, en la medida que estemos estructurados y organizados por dentro y centrados por fuera, nos podremos vincular y entregar a los demás. Después de todo, me parece que una de las maneras de darle significado a nuestro paso por este mundo es ayudando a otros a conseguir una vida más plena, desde la trinchera que a cada uno nos corresponda.

Por eso, para cerrar esta edición, quisiera llevar el tema del buen vivir a un nivel más alto: ¿cómo le hacemos para alcanzar una mejor calidad de vida a nivel social a partir de la tarea diaria que a cada uno nos corresponde como individuos?

He dicho, hasta ahora, que el buen vivir depende, en gran medida, de cada individuo, de su capacidad para organizarse y planear, de su tenacidad y disciplina para cumplir sus objetivos. Pero, si nos quedamos sólo en un nivel personal, no vamos a llegar a ningún lado como sociedad en el largo plazo.

Me parece que si no tomamos conciencia de nuestra dimensión social y, por lo tanto, de nuestra responsabilidad para con los demás, no vamos a trascender nuestra existencia. ¿De qué sirve que nuestro paso por este mundo termine siendo sólo un hecho anecdótico sin mayor significado?

Un queridísimo amigo, que además fue mi jefe, me enseñó que en un trabajo siempre hay que intentar aprender, divertirse y ayudar. Yo llevaría esos tres requisitos del ámbito profesional a la esfera personal:

1. Sugiero empezar por conocernos a nosotros mismos y luego, estar abiertos para aprender siempre, a cualquier edad y en cualquier circunstancia. A veces las enseñanzas más significativas nos llegan de los maestros menos esperados.
2. Dedicarle tiempo y ganas a hacer lo que nos acerque a la plenitud y hacernos responsables de nuestra propia felicidad porque, aun en una vida compartida, es lo mínimo que le debemos a nuestra pareja.
3. Determinarse a servir a los demás.

Si no cumplimos con esas tres encomiendas, entonces, difícilmente, vamos a vivir en plenitud.

El tema es ir tomando decisiones, ir eligiendo. Hoy en día lo que consideramos como una "buena vida" suele estar acotado por tener un trabajo decente, alcanzar un estándar de vida razonable y lograr, en el mejor de los casos, una linda familia. Sin embargo, dedicamos poco tiempo al autoconocimiento, a saber qué queremos, a alimentar, de forma integral, nuestro cuerpo, mente y espíritu, y poco hacemos para ayudar a mejorar el mundo o pelear por la justicia.

Aunque no tiene nada de malo "salvar" a los niños de África, sería mejor si primero nos ocupáramos de los "propios".

En la actualidad todo es rápido, desechable y con poco esfuerzo alcanzamos satisfactores inmediatos. Al mismo tiempo y, paradójicamente, estamos más "conectados" que nunca gracias a las redes sociales, sin embargo, cada vez parecemos más solitarios y aislados. Nos volcamos hacia fuera, asomados en la vida del otro, pero nos desconectamos de nuestro interior y de los encuentros reales con la gente de carne y hueso.

Con tanta (des)información virtual, la toma de decisiones es cada vez más difícil y delimitar las fronteras entre lo bueno y lo malo se vuelve cada vez más complejo. A cada individuo le corresponde decidir por sí mismo, pero cada elección requiere de cierta madurez y de un grado de responsabilidad (que a veces ni con la edad llegan).

Celebro que la tolerancia y la igualdad sean valores de nuestro tiempo, pero no es suficiente. Tenemos que encontrar una manera de mejorar nuestra escala de valores y eso sólo lo vamos a lograr si establecemos reglas claras que incentiven un mejor patrón de comportamiento: el problema no es que tengamos un código ético débil o que seamos malas personas, ese no es el tema, el problema está en nuestra conducta social que termina permitiendo el abuso y la injusticia.

Ojalá que cada uno de nosotros encontremos una forma de contribuir a romper el círculo vicioso en que estamos entrampados como sociedad. Cada quien ya verá si cambia su percepción, si cambia su actitud o si hace las cosas de otra manera.

Cada uno de nosotros somos responsables de nuestras elecciones y acciones y, entre todos, podemos mejorar nuestra calidad de vida como sociedad para, juntos, alcanzar el aclamado buen vivir como inquilinos de nuestro planeta Tierra.

BIBLIOGRAFÍA

Querido lector/a:

Te comparto esta bibliografía que, además de haberme sido de gran utilidad para escribir mi libro, también te puede servir a ti como fuente de inspiración para mejorar tu calidad de vida.

TIEMPO, PRODUCTIVIDAD Y DINERO (Y SU MANEJO EN PAREJA):

Allen, David, *Organízate con eficacia. Máxima productividad personal, sin estrés,* Empresa Activa, Ediciones Urano, 2002, Barcelona. Título original *Getting things done,* 2001, Viking, Penguin, New York.

Coria, Clara, *El amor no es como nos contaron... ni como lo inventamos,* Paidós, 2001, Argentina.

Coria, Clara, *Las negociaciones nuestras de cada día,* Paidós, 1996, Argentina.

Gretchen, Rubin, *The Happiness Project. Or Why I Spent a Year Trying to sing in the Morning, Clean my Closets, Fight Right, Read Aristotle, and Generally Have More Fun,* Harper Collins, 2009, New York.

LIMPIEZA Y ORGANIZACIÓN
DE LOS ESPACIOS

Barrington, Fleur, *1001 little housekeeping miracles: simple solutions for a clean and comfortable home*, Carlton Books Limited, 2007, London.

Ford Berry, Jennifer, *Organize now. A week by week guide to simplify your space and life*, North Light Books, 2008, Cincinatti, Ohio.

Horth, Arthur C. y Horth Lillie B., *101 Things for the Housewife to do*, Batsford, London, 1a impresión1949, reimpreso en 2007.

Jack, Florence, *The woman's book of Household Management: Everything a woman ought to know*, Tempus Publisch Artisaning Limited, 2007, Great Britain.

Platt, Stacey, *What's a disorganized person to do? 317 ideas, tips, projects and lists to unclutter your home and streamline your life*, Artisan, 2010, New York.

Souza, Lourdes, *Limpieza profesional*, Ed. Trillas, 2011, México, D. F.

Souza, Lourdes, *Cuidado de ropa y textiles*, Ed. Trillas, 2011, México, D. F.

Starr, Merryl, *The home Organizing Workbook: Clearing your clutter, step by step*, Chronicle Books, 2004, San Francisco.

Woman's Day, *Easy Household Tips 1000 Ideas for Carig for & Maintaining your Home*, Filipacchi Publishing, 2008, New York.

Woodburn, Kim & MacKenzie, Aggie, *The cleaning Bible. Kim and Aggie's Complete Guide to Modern Household Management*, Penguin Books, 2007, London.

ETIQUETA Y PLANEACIÓN DE EVENTOS

Si eres un/a amante de la cocina y disfrutas la literatura, te recomiendo: *Inés y la Alegría*, de Almudena Grandes, publicada por Tusquets. *Rapsodia Gourmet*, de Muriel Barbéry, publicada por Seix Barral en 2010 (título original *Une gourmandise*, en *Editions Gallimard*).
Y una historia tremenda que viene a cuento hablando de planeación de eventos y de no olvidar lo realmente importante en la vida: *El Baile*, de Irène Némirovsky, publicada por Salamandra, Barcelona, 2006 (título original: *Le bal* en Editions Grasset & Frasquelle, 1930).

Bridges, John and Curtis, Bryan, *As a Gentleman Would Say*, Rutledge Hill Press, Thomas Nelson, Inc., para Brook Brothers, 2001, Nashville, Tennessee.

Charlon, Raymonde et Perrine, *Recevoir en toutes occasions: du diner à deux au buffet de marriage, des menus, des recettes, des conseils*, Hachette, 1993, France.

Christy, Jordan, *How to be a Hepburn in a Hilton World: the Art of Living with Style, Class and Grace*, Center Street, Hachette Book Group, 2009, New York.

Comp. *Bar Mitzva, Preparación del Joven Judío*, AE Trece Ediciones, 1990, México.

Correas Sánchez, Gerardo, *Protocolo para empresas. La organización de eventos ante las nuevas necesidades en las entidades privadas*, Colección Área de Formación, Ediciones Protocolo, 2009, España.

De Cervantes, Miguel, *El Ingenioso Hidalgo Don Quijote de la Mancha*, Ilustrado por José Segrelles, Espasa, 2002, España.

De Lesseps, Lu Ann, Countess, *Class with the Countess. How to live with elegance and flair,* Gotham Books, Penguin, Group, 2010, New York.

De Sy Jacqueline & Pattyn Geert, *L'Art de la Table: Dîner chez soi,* Editions Lanoo, 1996, Belgique.

Hillier, Malcolm, *El Arte de Agasajar a sus Invitados: recetas y decoraciones de mesas,* Diana, 1999, México D. F., (título original *Entertaining,* Dorling Kindersley, 1997, London).

M. de Flores, Graciela, *Los vinos, los quesos y el pan,* Limusa, Noriega Editores, 2003, México D. F.

Maestre, Isabel, *El Arte de la Buena Mesa: Protocolo y Sugerencias Decorativas,* Everest, 2009, España.

Morán, Carmeta, *Sin maneras no hay maneras. Una guía actualizada para saber comportarse en cada ocasión,* Alba Editorial, 2011, Barcelona.

Rough, Shelagh & Jonathan, *Leonardo's Kitchen note books. Leonardo Da Vinci's notes on cookery and table etiquette,* William Thomson Collection, 1987, *Notas de Cocina de Leonardo Da Vinci. La afición desconocida de un genio,* Temas de hoy, 1999, España.

Shade, Sheryl, *As a Lady Would Say,* Thomas Nelson, Inc. para Brooks Brothers, 2004, Nashville, Tennessee.

Solé, Montse, *Saber ser. Saber estar. El manual de las buenas maneras y el protocolo,* Planeta, 2004, Primera edición, España, 1993.

Wilkes, Angela, *Child Magazine's book of Children's Parties. All you need to know to organize successful parties for young children,* DK Adult, Penguin Group, 2001, New York.

Y PARA AYUDARSE
A ALCANZAR LA PLENITUD

Friedman, Howard S. & Martin, Leslie R., *The Longevity Proyect. Surprising Discoveries for Health and Long Life from the Landmark Eight—Decade Study*, Hudson Street Press, Penguin Group, 2011, New York.

Gilbert, Daniel, *Stumbling on Happiness*, Vintage Books, Random House, New York, 2006.

Lyubomirsky, Sonja, *La Ciencia de la Felicidad. Un método probado para conseguir el bienestar*, Ediciones Urano, 2008, Barcelona (título original The How of Happiness, Penguin Press, 2008, New York).

Rittner, Marcelo, *Y si no es ahora, ¿cuándo? Sobre la urgencia de vivir la vida*, Grijalbo, 2008, México D. F.

Rittner, Marcelo, *Aprendiendo a decir adiós. Cuando la muerte lastima tu corazón*, Debolsillo, Random House Mondadori, 2008, México D. F.

Shulman, Avi, *Making Little Things Count and Big Things Better*, Mesorah Publications, Ltd., 2001, Brooklyn, New York.

Zander, Rosamund Stone & Zander Benjamin, *The Art of Possibility. Transforming Professional and Personal Life*, Penguin Books, 2002, USA.

DATOS DE CONTACTO

Natalia Herranz Fanjul
www.preguntaleanatalia.com
natherranz@yahoo.com
Twitter @natherranz
Facebook: preguntaleanatalia.com
www.organizate.com.mx